POCKET
ポケット版

株価チャートの鬼77則

利

まえがき

株の売買で成功するのは、そう簡単ではない。

そこで、投資家は様々なツールを駆使して、儲ける確率の向上を狙う。

ローソク足は、古くは江戸時代の米相場から伝わる酒田五法に基づく、世界でも最も古く、現在もなお活用されている株価の先読みの方法である。

それだけに、類書は極めて多く、人気もある。

ローソク足は、陰線であれ陽線であれ、また、その応用型であれ変形型であれ、**それが出た裏には、売買に参加している投資家の様々な思惑が詰まっている。**

また、その時々の経済指標や政治外交、地政学のリスクなども織り込まれる。

実に奥の深いものが詰め込まれている。

たかがローソク足。されどローソク足なのである。

これを甘く見た人に勝ち目はないし、儲けのチャンスも少ない。

ただ、本書は、その類書に安易に加わるつもりは毛頭ない。

酒田新値に基本を置き、実際に眼前に見られるそれぞれの銘柄の足の動きや組み合わせをもとに、売買の判断をどうすれば儲けのチャンスをつかめるか、リアルタイムの動きの中で、解説や売買の戦法を考えたい。

すなわち、ローソク足の形の解説を行っても、それが出た場面を前提にしないと「強いのか、弱いのか」「底なのか、まだなのか」「天井か、そうではないか」などの判断は難しく、確率が低い。

それぞれの銘柄の最近の動きを取り上げて、売買の判断の基準を紹介し、それによって、売買の成功の確率アップに寄与したいと考える。

底値はどれか、天井はどれか。

買いのタイミング、買い乗せのタイミング、売りのタイミング、損切りのタイミングはどこか。

実際のローソク足を参考にしながら、頻度の高い形の解説を試みた。

また、同じ買い時のシグナルでも、できるだけ類似の形を取り上げ、読者の疑問に答えられるような内容に工夫を凝らしている。

どうか、今までの成果をさらに上げるため、負けが多ければ、勝ち組に入れるようなテクニックを本書から手に入れていただきたいと考える。

この解説は、私の50年にわたる株式投資生活で生んだ多くの損と成果を踏まえて書いたもので、卓上の遊びではないことを断っておきたい。

本書を読んで、多くの成功談が寄せられることを期待している。

2024年初夏　経済評論家 石井勝利

Part 1

チャートに騙されるべからず

Part 2

たった1本のローソク足から相場が見える

Part 3

足の組み合わせでその先が見える

Part 4

最高の買い時はここに注目

Part 5

利益確定で逃げる売り時

Part 6

手出し無用の扱えないローソク足

Part 7

底値を探る技術

Part 8

相場の癖を読む

※本書は特定の銘柄・取引を推奨するものではございません。取引に当たっては、ご自身のご判断でお願いいたします。売買で被られた損失に対し、著者・版元は何らの責任も持ちません。

Chart

鬼77則

Part 1

チャートに騙されるべからず

投機家にとって最大の敵は無知、欲、そして恐怖と希望の感情である。

——ジェシー・リバモア

01 チャートは都合良く使われていることがある

チャート、ローソク足の読み方がわかれば、株式投資で簡単に勝てる。

そう考えている人が多い。

しかし、これは間違いである。

なぜか。「株式投資は騙し合いの上に成り立っている」という事実があるからだ。

株で勝つためには、他人を出し抜かなければならない。

実は昨今の株式市場では、チャート（別名・海図）を自分の都合の良いように活用する、つまりは悪用することが日常的になっている。

だから、個人投資家から「チャートにはダマしがいっぱい」という嘆きをよく聞く。

たとえば出来高が増えて、株価が急騰して、大陽線が出た。そうしたチャートを「買いシグナル」と見る考え方が一般的だ。しかし、**ここが実は危ない。**

高値で売りたい筋は「急騰、出来高増加」を演出して自らの売り時をセットして仕込んでいる。

これを知らない投資家が、買いに回った時に、「利益確定の売り」を出す。

だから「買ったら下がる」のである。

個人投資家ならば、誰もが経験していることだろう。皆が「買いのチャンス」と考えるタイミングが、実は最後の上げだった。寄り付き高値の後に株価が急落した。

これを見抜かないと、いつになっても株では勝てない。

「チャートは学ぶ」のではなく、「**裏を読む**」技が必要なのである。

[7956 ピジョン　日足]

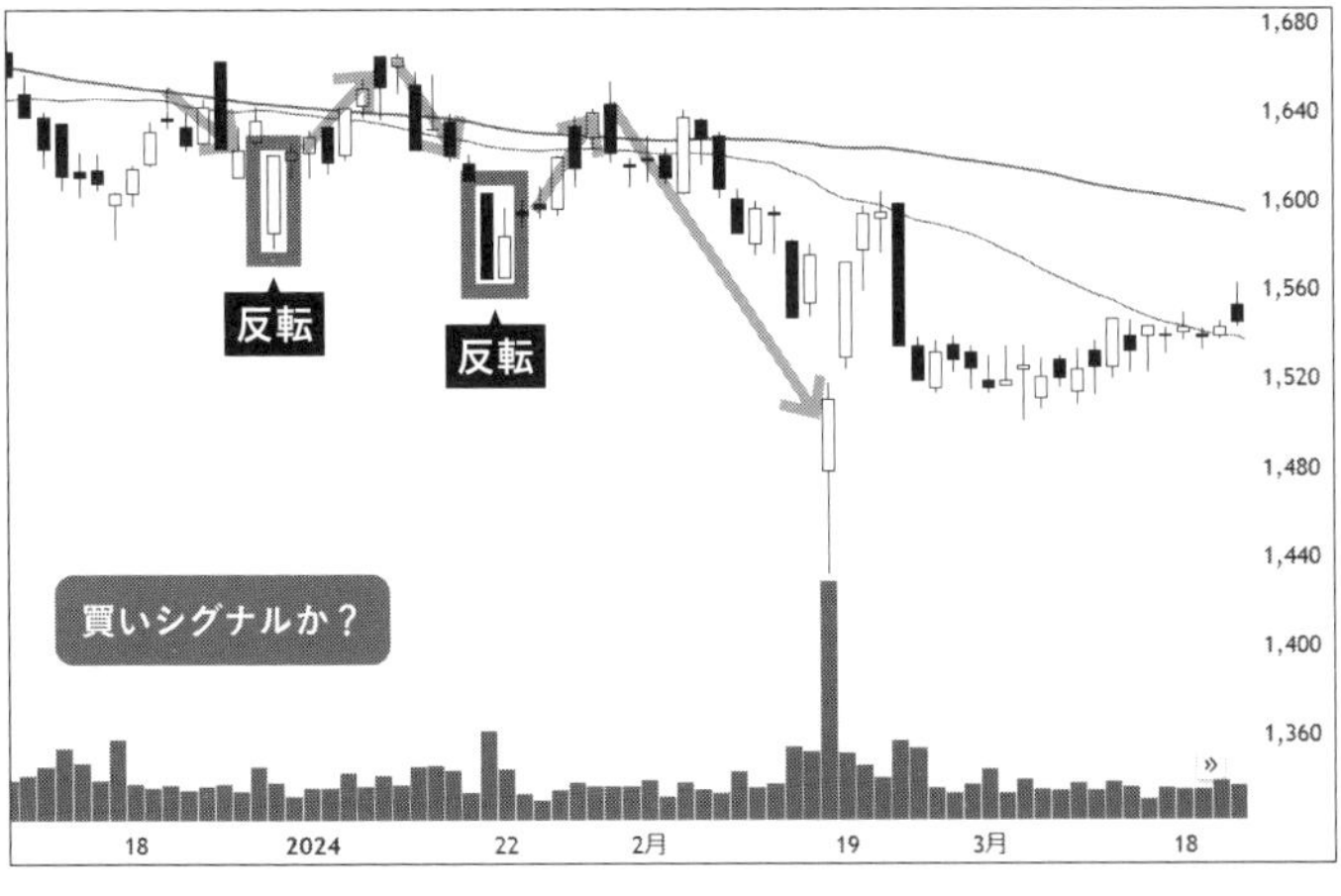

02 上がると見せかけて下げさせる本当の理由は

株ではよく「ふるい落とし」がある。

これは仕手筋が好んで使う手法である。

ある銘柄の株価を上げたい、その銘柄を買わせたいというタイミングで、意図的に情報を流し、買いを煽る。すると個人投資家の買いが集まる。

しかし、あまり買いばかりになれば、後は売る人ばかりになる。

そこで、株価を意図的に動かしている筋は「冷やし玉」を用意していて、売って利益を出す。仕手筋だけではなく、ファンドや大手証券なども常に行う手段である。

売りが多ければ、当然ながら下がる。上がると思って買った個人投資家は「失敗した」とばかりに売る。つまり、「売り待ち」の球を投げさせるのだ。

そうすれば、上値での「売り待ち」の株数は減るので、再び上げやすくなる。

そこで、また、株価の上げを演出する。

その後に下げる。

買い煽りとふるい落としの交互の作戦である。

これをチャートで見ると、**上げ下げで次第に上がっているかのように見える。**

まるで理想的な上げトレンド。

しかし、個人投資家は儲かっていない。

押し目を買わないで、吹き値で買っているからだ。

そう。ローソク足は、実際問題、利用され、ダマしの道具になっているのである。

この事実を知らなければならない。

［6378 木村化工機　日足］

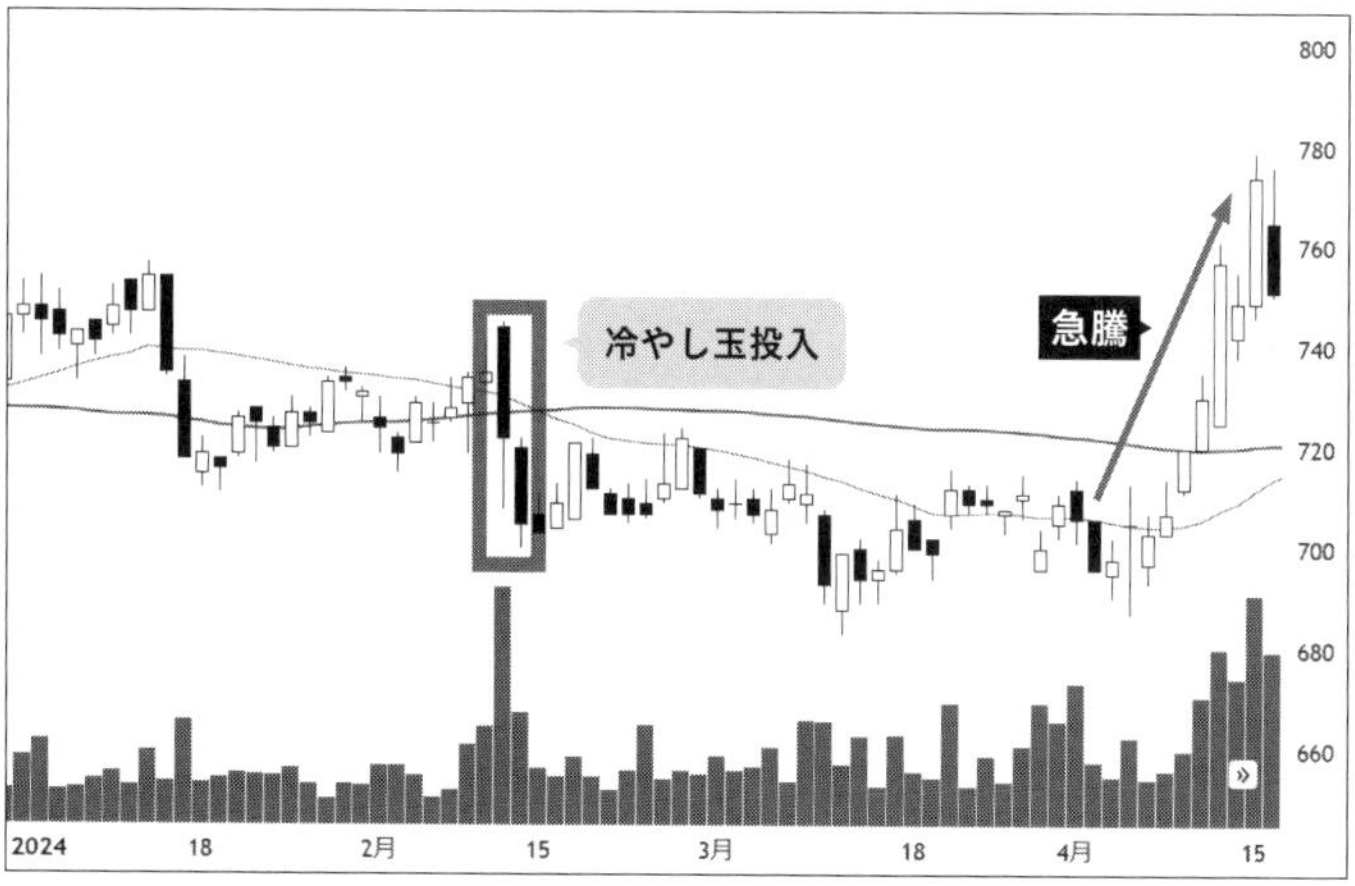

03 好材料が当面の高値の理由は何なのか

好業績や良い材料が出れば、皆が買う。

しかし、買った後は大抵下がる。

なぜなら、「知ったらお終《しま》い」という格言の通りである。

良い材料が出れば、当たり前のように買いが多くなり、株価は上げる。

しかし、大手ファンドや仕手筋はそのタイミングで「利益確定」を行う。一番間違いのない「売り」のタイミングだからだ。

良い材料の後に、更なる好材料が出れば別だが、そんなことは稀である。

だから、好材料が出た時が「当面の高値」になる（ものすごい材料は別として）。

そこで、良い材料が出た時のチャートの推移を見ていただきたい。

大抵は、好材料が出て株価が上がる前に、出来高はすでに増えていて、若干上がっているものである。

そうなのだ。**材料は事前に漏れているの**だ。

「インサイダー取引ではないか」

そう思うのも当然だろう。

しかし、意図的な相場操縦が行われたという証拠はなかなかつかみづらい。ばれないのだ。

だから、企業の決算数値や新規事業、事業提携などのニュースが表に出る時は、「古い材料」と思った方がよい。

それがチャートにも出ている。

チャートは嘘をつけない。

それを見抜いて挑むことが大切である。

［ 3901 マークラインズ　日足 ］

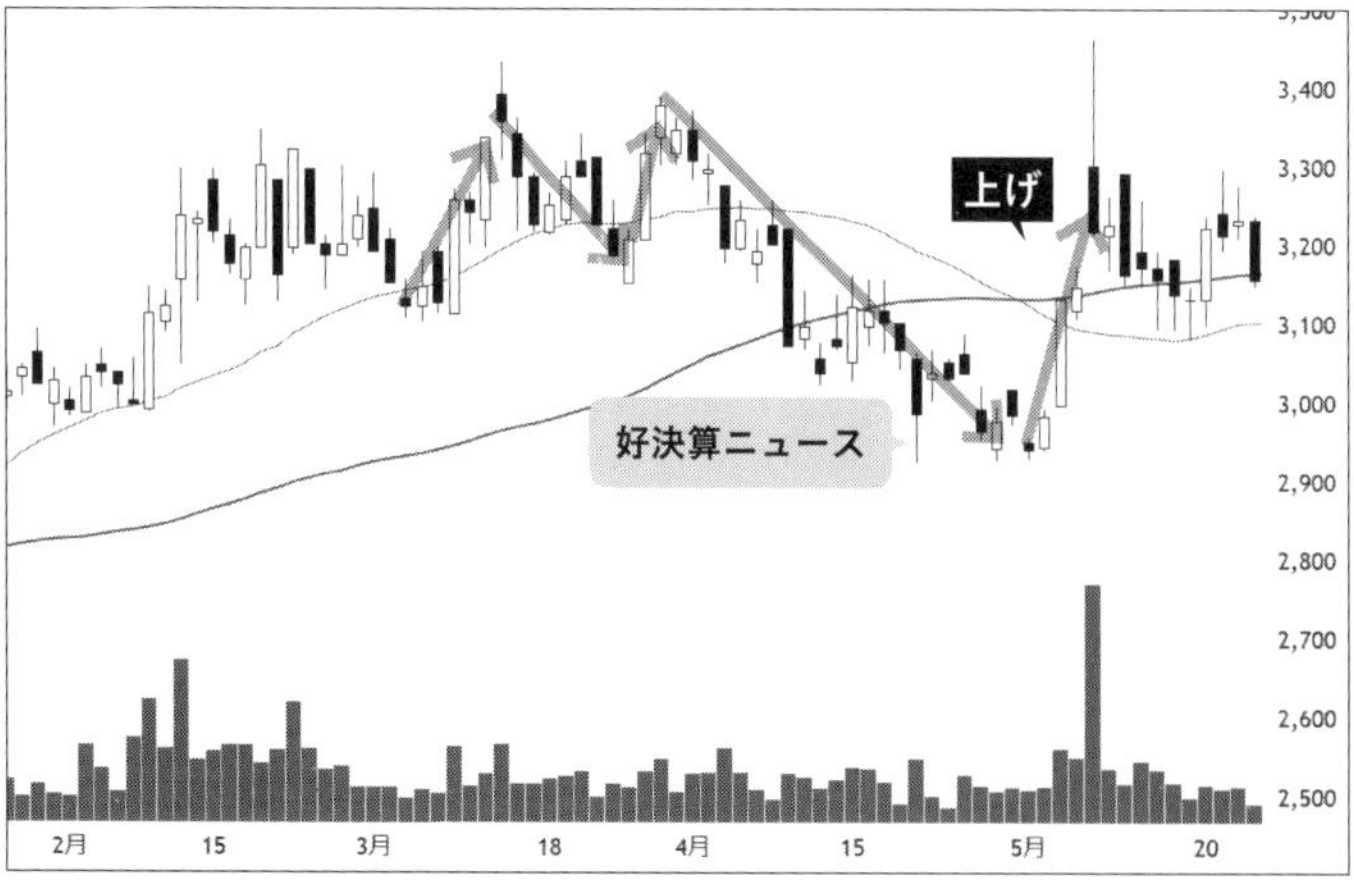

04 チャートは「海図」。しかし、正しい海図とは限らない

チャートというのは、「海図」のことである。

昔は物資の運送や移動のほとんどが、船によるものであった。

経済活動における役目が極めて大きかった船が間違いなく目的地に着くには、航海のナビゲーターとなる「海図」が必要とされたのだ。

株式投資も「こうなったら、こうなる」という方程式が欲しい。それがあれば、チャートを勉強して、100点満点を取れば、「株式投資で全勝」となるはずだ。

しかし、お勉強だけでは成果は上がらない。

「努力が簡単に報われない」

これが株式投資の世界の現実である。

ならば、どうするか。

チャート、ローソク足の上手な活用法、裏読みの方法、騙されない読み方を身に付ける以外にない。

巷間にあふれている「チャートの読み方」は、原理原則を解説したにとどまる。

だから、教科書通りに学び、実行しても、思うような成果は上がらないのだ。

株の世界は「海図」だけではなく、雲霞のごとく群がる「海賊」すなわち、「ダマしの情報」「売買の動向」の裏を読まなければならない。

実に厄介である。

それでも、株式投資に人は集まる。

手持ちの資金を100倍にも1000倍にもできる可能性があるからだ。

株式投資は「高度な知恵比べ」である。

そのように考えて、ローソク足の足取りを読まなければならない。

「陽線とは何か、陰線とは」

これを知っただけでは、株式投資で「勝ち組」にはなれない。

そこをよく心得て、ローソク足に見える「癖」を読み込む必要があるのだ。

05

「ダマし」に堪《た》える株式投資の生き残りのローソク足の活用

「ここからどう動けばいいのか」

そのヒントを与えているのが、チャート、ローソク足であるはずだ。

一つ一つのローソク足に、意思はない。

過去の値をただ視覚的に置き換えただけのものだから、誰もが同じ情報を目にできる。

しかし、大半の人が読み解けず、株式投資で損を拡大させている。

これは耐えられないことである。

もちろん、極めて長いスパンで考えると、短期的な変動は飲み込まれて、上げトレンド、下げトレンドが形成される。

でもビジネスの動きが速い昨今は、2年先、5年先を見るわけにはいかない。

今日はどうなるどころか、1分先の株価を知りたいのが現実である。

そこで必要なのは、**陰線、陽線、同時線に現れる投資家の思惑の集大成を読み解く力**である。

暴落の後に暴騰が来るかもしれない。

その兆候をどのようなシグナルで読み解くか。

高度なテクニカルの判別の力が必要になる。

一般的な「教科書的な教本」では、それを教えてくれない。

「騙されない投資」「負けない投資力」が、株の世界では必要だ。

本書では、多くの失敗から学んだ投資家だから語れる真実を書いていく。

[6834 精工技研　日足]

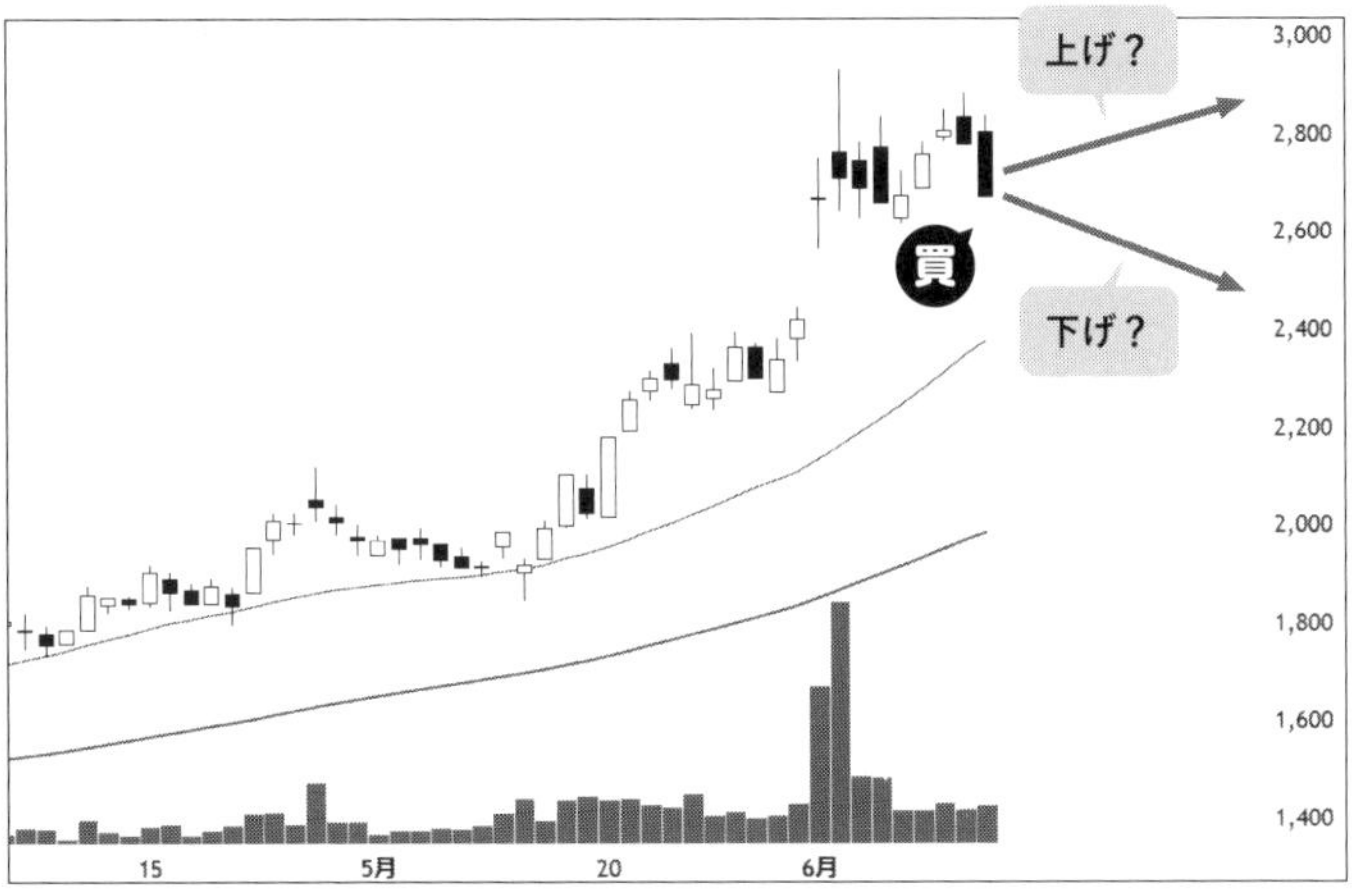

06 熟知する得意銘柄のチャートで勝負する

株式のトレードでは、儲けの確率を高くするために、ほとんどがチャートを読む。

何のために読むかといえば、ローソク足の形で、100％ではなくても、**極めて近い形で「先読み」ができる**からである。

株価の変動を形にしたローソク足には一定の癖があり、それを覚えることで、**売買の判断の狂いを少なくできる。**

しかし、それは完ぺきではない。

同じチャートを読むのでも、知らない銘柄と知っている銘柄では、読み方に違いが出る。前々からトレードの対象にしていて、「こうなったらこうなるはず」という経験則があれば、上げても下げても、売買タイミングの判断は間違いが少ない。

ここにあげたチャートは、食品銘柄だが、結構な値幅で上げ下げをしながら、持ち合いをしている。時には上げトレンド、時には下げトレンド、と。

この動きでは、押し目を買い、含み益を放置して、中長期で持つのがいい。

しかし、株価は完全に右肩上がりが続くとは限らないので、チャートに出てくる陰線と陽線の動きを見ながら、目先の「今日押したから買い」「明日上げたら売る」。この繰り返しで、利益を積み重ねるのも一つの方法だ。

俄かに見た銘柄ではなく、株価変動の癖をつかんでいるので、大きな間違いをせず取引できる。

あちこちよそ見をしないで、得意銘柄、知っている銘柄で勝負するのが得策だ。

[2212 山崎製パン　日足]

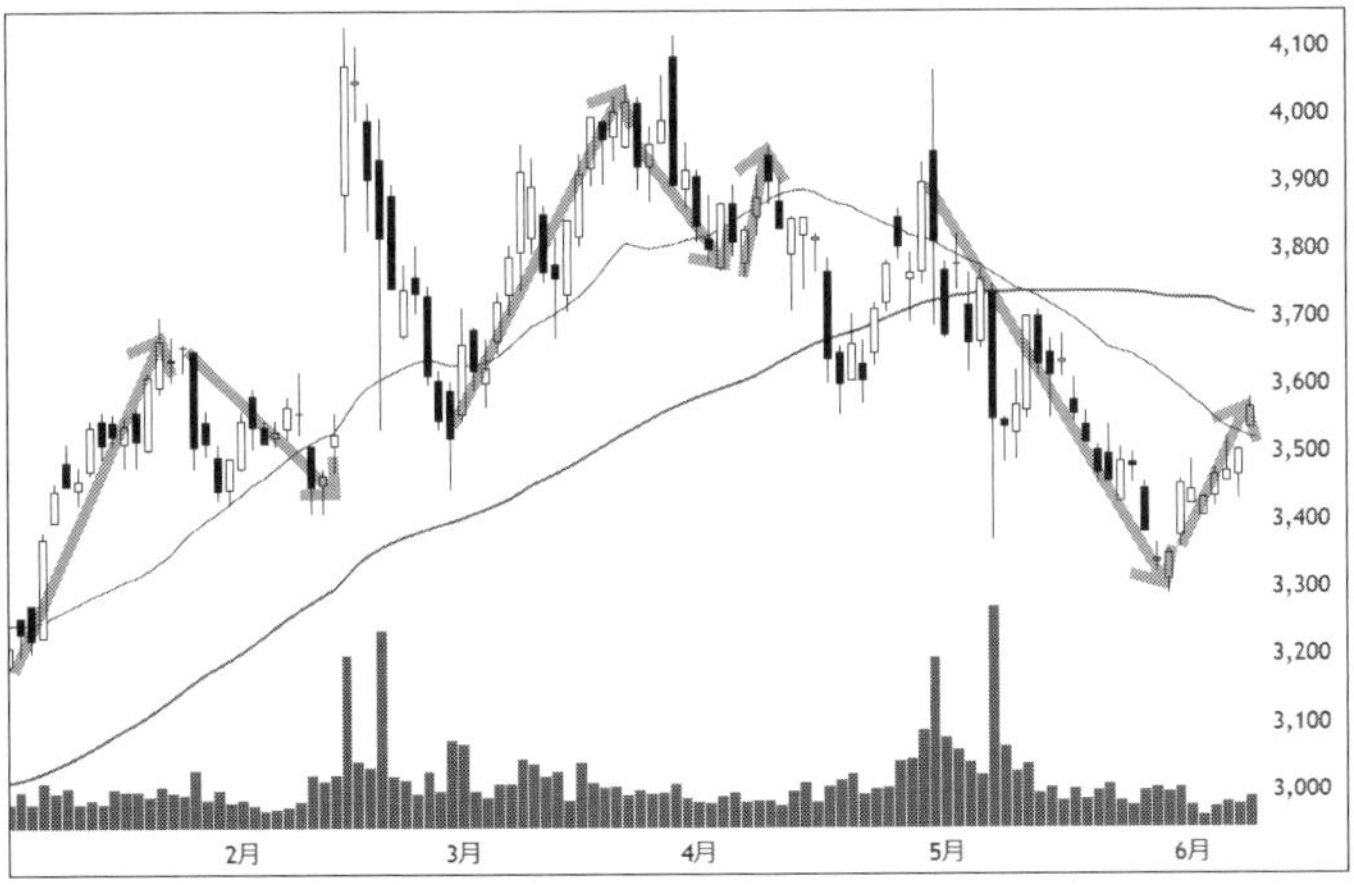

07 銘柄の癖をつかんでおけば、慌てず勝てる

株価変動は、銘柄それぞれに癖があり、好調だからといって、皆同じ動きになるとは限らない。

私が苦々しく思っている銘柄に、センサーで有名な電機関連のソニーがある。

世界的に知名度があり、ブランド力抜群、外国人もたくさん持っている銘柄である。

業績が理由であっても何かのＩＲが理由であっても、その翌日にすんなり上げる。

しかも、ほとんどが「窓開け」である。

それだけ、人気が集まる。

しかし、この動きを追って1日遅れで買えば、たいていは高値づかみになる。

一般的な銘柄は、強い材料があれば、2、3日は上げていくものだ。

しかし、この銘柄は「窓開けの高値」で、材料を消化する。株価が上げている局面では

陰線が多く見られるが、これは好材料の日に、「寄り付き高値」になる。

これが「銘柄それぞれの癖」である。

この形は、材料を知って寄り付きで買った人は、手持ちの残高ではマイナスになってしまう。

この手の銘柄で利益を取るには、**人気圏外で調整し、株価も底を這っている時点で仕込んでおかなければならない。**そして、好材料が出た時は、むしろ「利益確定」のタイミングなのだ。

押し目を買い、吹き値を売るのは、株式投資の常道であるが、ここにあげた銘柄は、それをきっちりしないと許してくれない。

癖を知り、勝利をものにしよう。

［6758 ソニーグループ　日足］

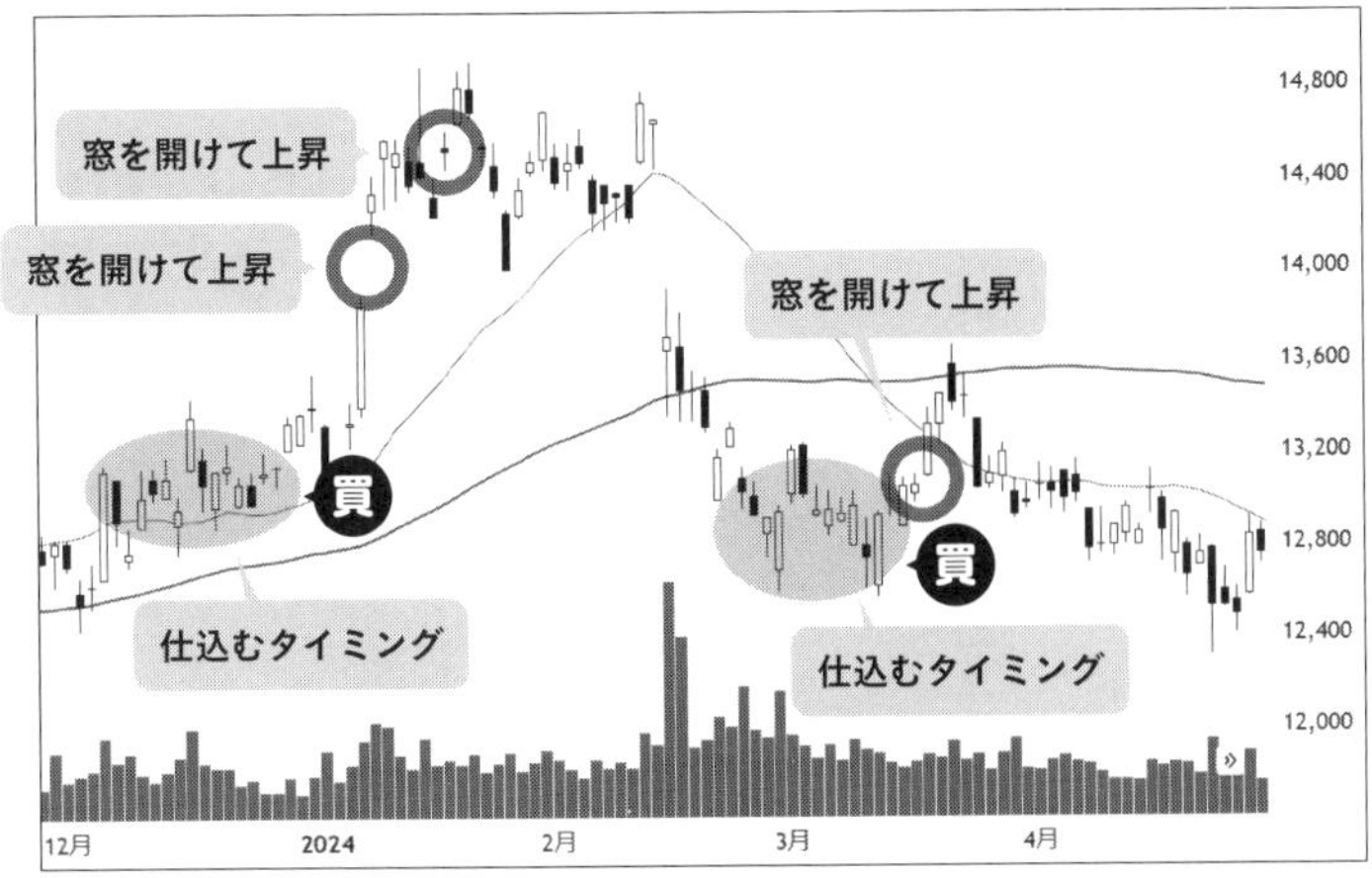

08 自身の目で銘柄を選び、自身の手で儲けをつかむ

日々のトレードにあたって、どの銘柄を手掛けるかという問題がある。

方法としては、

①サイトで探す
②誰かに聞く
③流れを見て、自分で決める

大きく分けて、こうした考えがあるが、できるならば**銘柄選択も、買い時・売り時の見極めも、誰にも頼らないで自分でやってほしい。**

これを誰かに頼ると、投資の力を付けることができない。好ましくはないのだ。

自分で選んだ時は、その銘柄に対する買い時、売り時のポリシーがあるので、ぶれることは少ない。

Chart

鬼
77
則

Part 2

たった1本のローソク足から相場が見える

人が冷静さを失っている時、あなたが冷静さを失わなければ、あなたは富を築くことができます。

——マーク・リッチ

09 陰陽の大きな足は上下の強さの表現だ

株の買い時・売り時を正しく読むためのローソク足の一番の注目は、陰陽線の大きなものである。

株価の動きはローソク足に瞬時に記録される。

板の動きが買いに動いているのか、それとも売りなのかは、ローソク足になることで、よりビジュアル化される。

この動きを見て、投資家は「買うか売るか」を考える。

大きな陽線になれば、「買いが強いな」と見られるし、逆に、大きな陰線となれば、「売りが強い、利益確定かな」というような見方をする。

日中に見る時は、5分足がメインとなる。

至近の株価のトレンドならば、日足の推移をたどることになる。

さらに、先々のトレンドが見たければ、週足、月足となる。

いずれのチャートも、変動を投資家たちが目を皿のようにして見ていることだろう。

チャートは誰でもいつでも見ることができる。問題はそのデータをどのように見るかである。

大きなローソク足は陰陽どちらも、いたるところに出てくる。

大陽線だから、際限なく上がるわけではない。逆に、大陰線だからさらに下げるわけでもない。

この癖をつかまないと投資で勝つことはできない。

［8233 高島屋　日足］

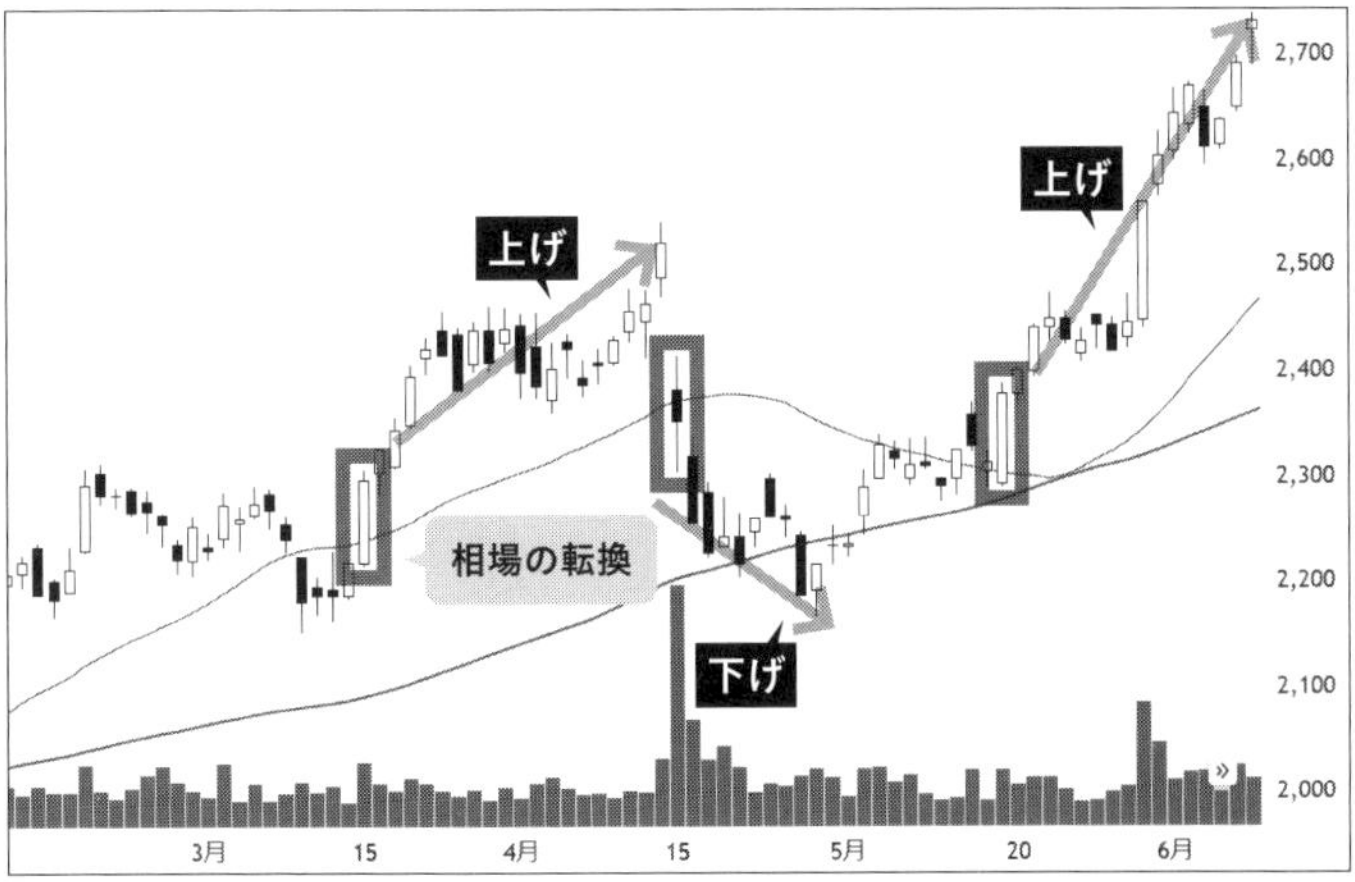

10 上ヒゲは売りの圧迫の強さを示す

株式の売買の力関係は、板にも表れるが、ローソク足に極めて鮮明に表れる。

そのシグナルをきちんと読み取ることが肝心である。

中でも上値に出た時に注意したいのが、「**上ヒゲ**」である。

これは陰線にできた時も陽線でも同じことを示している。

株価が大きく動き、大きくプラスになった。

一時的にはプラス圏に上げた。あるいは売りに押されてマイナスに引けた。

状況は色々だが、要するに**株価が高値引けにはならず、上値から押し戻された**形だ。

これが「上ヒゲ」であり、売り圧迫の強さを示す。

これを見れば、**「上げの限界か」という印象**を誰もが持つのだ。

もちろん、この足を無視して株価が上に行くことはいくらでもある。

その時には、売りをこなしながらもさらなる上値を目指す「強気筋」の買いに誘導されるかのように、トレンドは右肩上がりになる。そうなると、無視された上ヒゲは、上げの途中に出たことになる。

しかし、このデータにあるように、上ヒゲがその存在感を出すのは、**ある程度株価が上げて、何本も上ヒゲが出始めた**時だ。

この足を見れば、「株価がこれ以上は上に伸びない。売りに押されて、さらに買う人が少なくなる」というシグナルとなりやすい。

誰もがそのようにとらえるので、株価はその考え方を反映して動くわけである。

［ 6331 三菱化工機　日足 ］

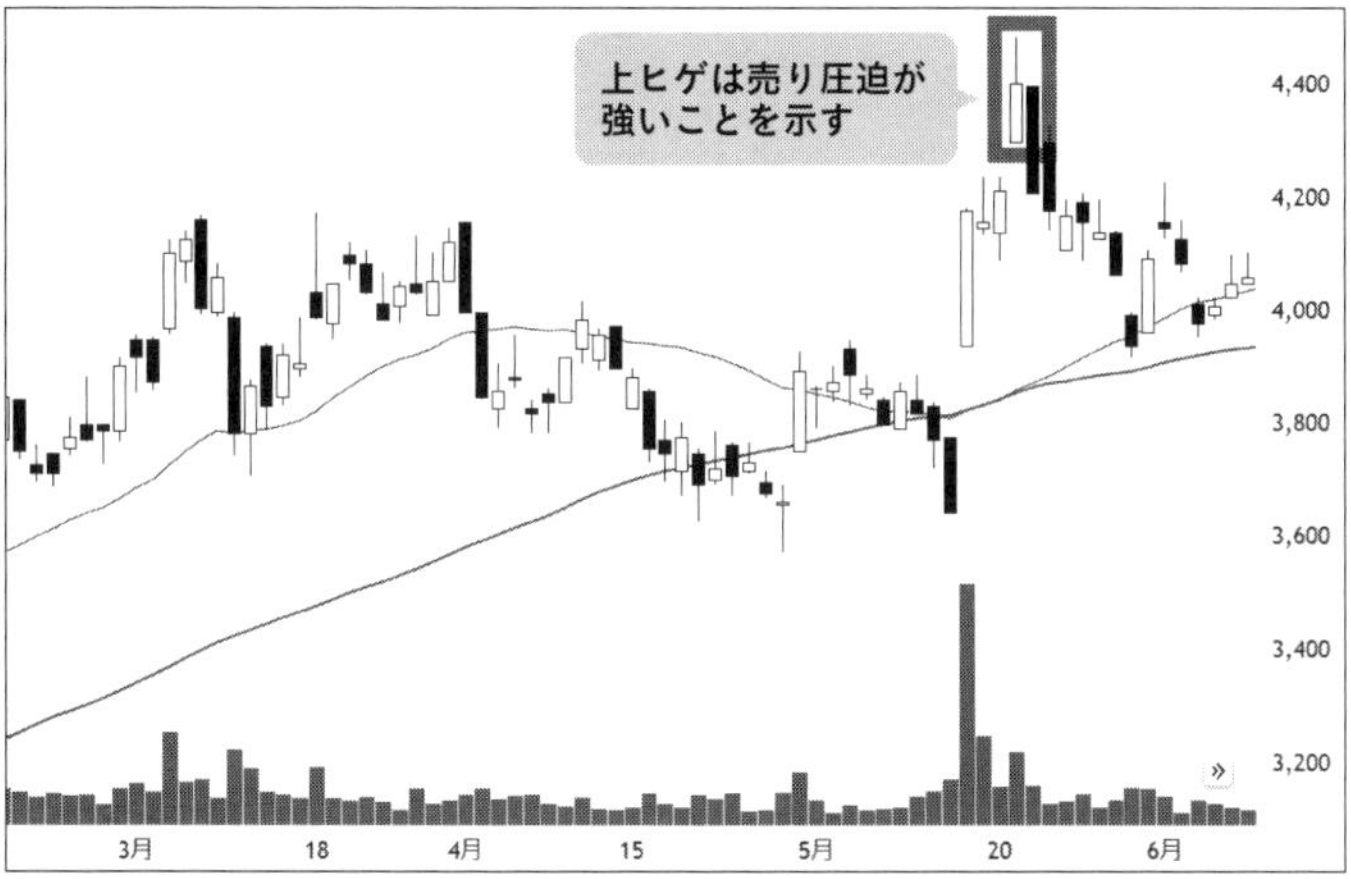

11 下ヒゲは買いの強さ、下値限界のシグナルになる

下ヒゲは、下値に出ることが多い。

株価が大きく売り込まれたが、下値では買い待ちの人が多くいて、「待ってました」とばかりに買いが入る。

それで株価は上に押し戻され、結果的にローソク足の形は「下ヒゲ」となる。

実体（ローソク足の四角い部分）は小さいことが多い。

この場合、ローソク足の実体は陰線でも陽線でも大した意味はなく、**下に長いヒゲがあるところに、「下値限界」が見える。**

すなわち、売りが途切れたということを表す。

トレンド的に株価が下に行き、誰もが見向きもしない状態で大底を迎え、最後に「損切り」「投げ」の動きが起きたが、そこでの買い戻し。

こうして下ヒゲが見られることが多い。下ヒゲで「下げの終わり」が確認されれば、皆が「これ以下には下げないだろう」と思い、買いを入れるとともに売りが減る。

チャート初心者なら、下ヒゲが長く伸びた時の板を勉強までに見てみるとよい。買いと売りの勢いの差が板にそのまま表れている。上昇トレンド、相場の転換を実感できるだろう。

このシグナルは**「大底買い」の大チャンス**であり、株で勝つには最も大切なシグナルである。

これを見逃さない人が株式投資で成功する。

［4911 資生堂　日足］

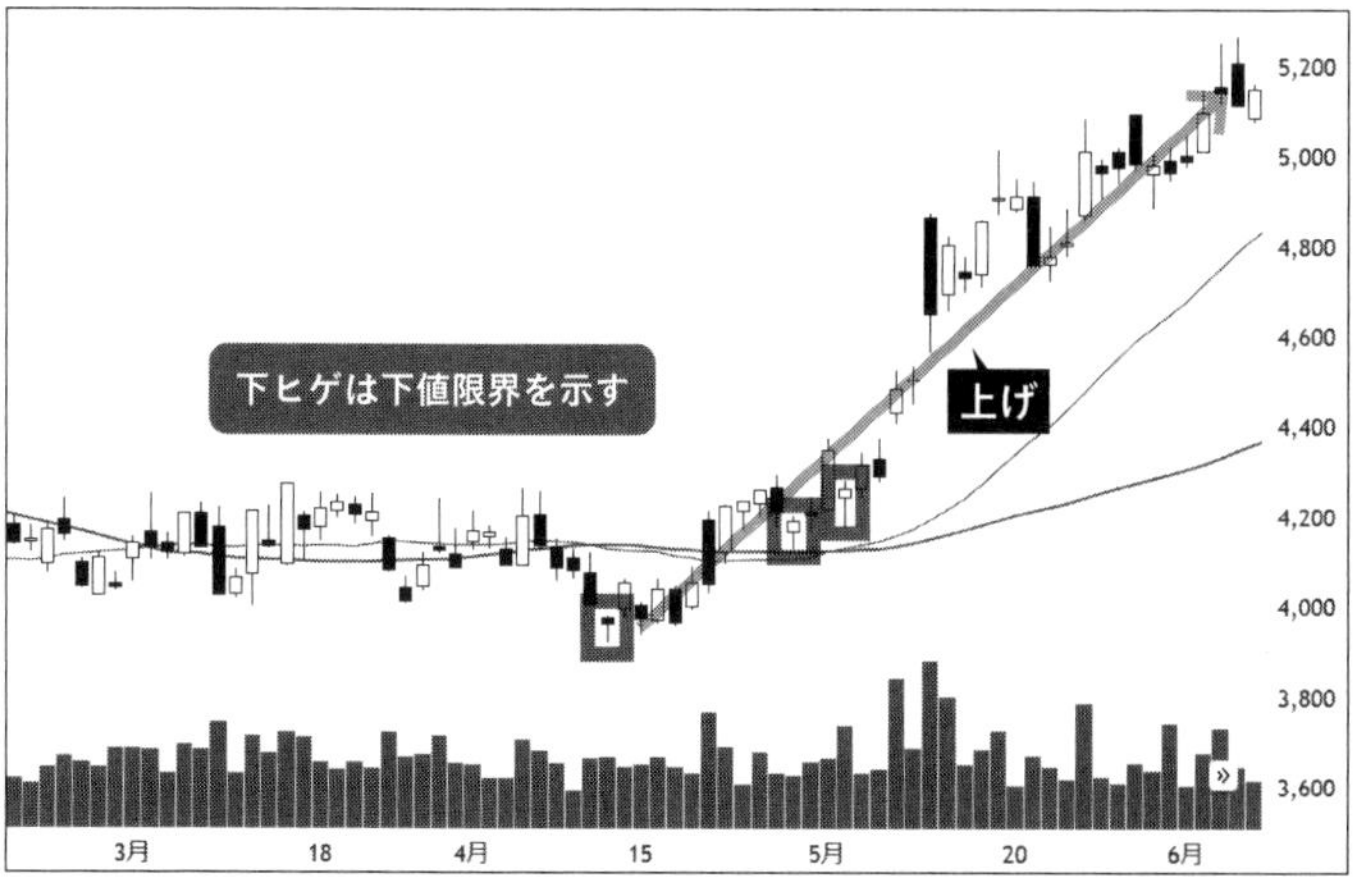

12 寄引同時線は売買の綱引きで出る

寄引同時線は、始値と終値が同じになったローソク足である。

寄り付きと大引けが同じならば、日足にそのように出るし、週の初めの終値と週の終わりの営業日の終値が同じならば、週足が同じように同時線となる。

始値と終値が同じだが、日足であれば、ザラ場は上に下に動いている。

しかし、最終的には、始値と同じ株価に戻った。

この形には値動きによって様々あり、ヒゲが上に長いものや下に長いものがある。また、ほとんど株価が動かず1本に近い線というのもある。

総じてこれは**薄商い銘柄**である。

形はどうあれ、同時線は、買いと売りが綱引きを行い、**強弱感が対立して身動きがとれない「迷い」の相場**を表している。

では、どう戦うか。

綱引きなので、どちらも勝たないかといえば、そうではない。

動きだしたら、片方に傾くことは十分にある。

相場の分岐点に現れ、警戒しなければならない「**嵐の前の静けさ**」の足である。

上値に出ても、下値でも、あるいは中間に出ても、株価はその後に大きく動くことが多いのである。

チャンスが多い足なので、このシグナルは注意していただきたい。

[3909 ショーケース　日足]

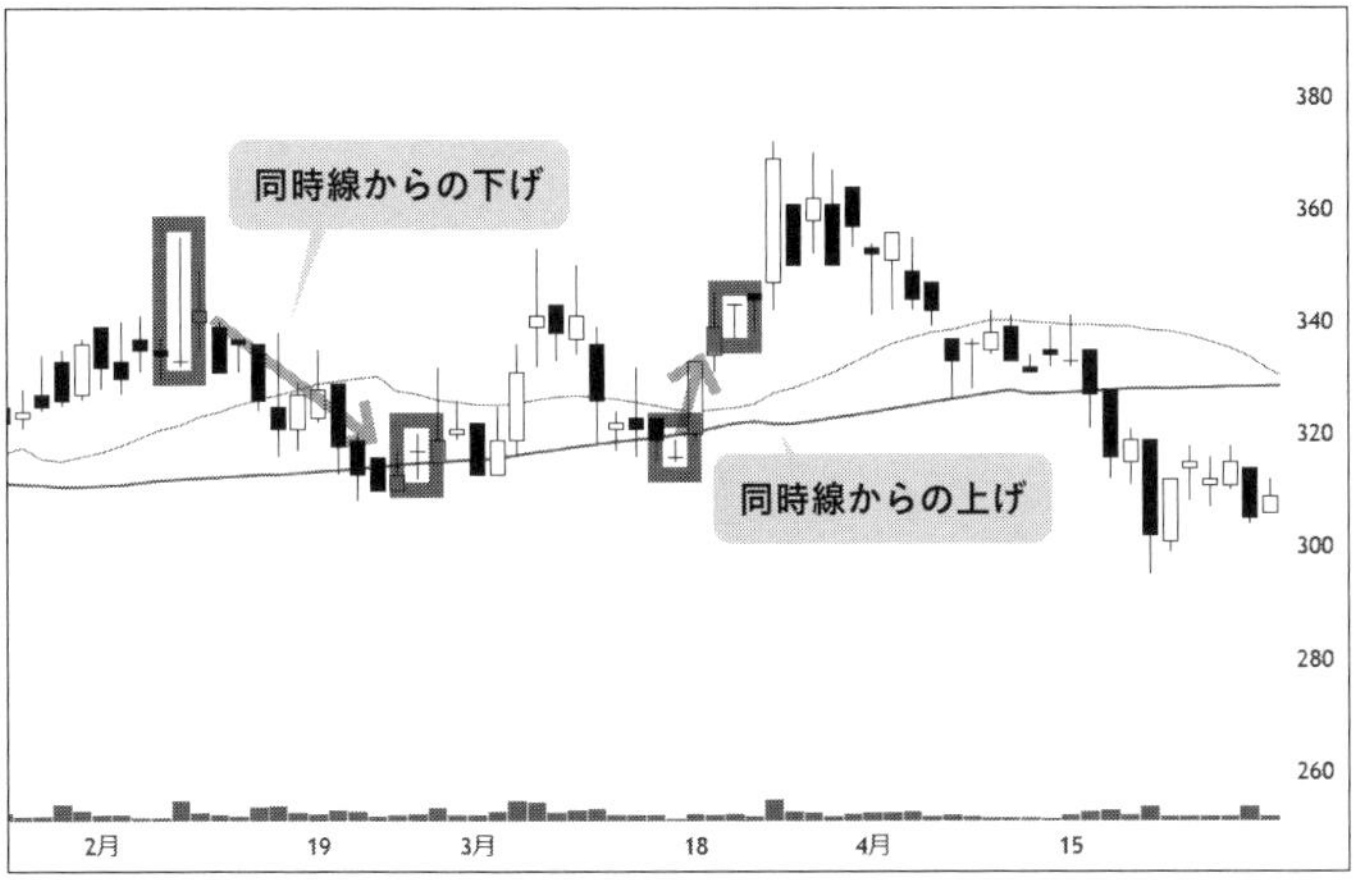

13 小さな陰陽線は取引閑散、小動きを表す

ローソク足は、派手に動く大きな足ばかりではない。

小さな足もいくらでもある。

小さいということは、値動きが少ないということだ。

大きく上がることもなければ、大きく下がることもない。

足が小さいのにはその銘柄がさしたる材料がない、売買出来高が少ない、相場全体が小動きである、など様々な要因がある。

ただ、それが長く続く時もあれば、わずかな日にちで急変するものもある。

覚えておいてもらいたいのは、**小動きが続く時には概してエネルギーが溜まり、やがては爆発することが多い**ということだ。

「小動きだからつまらない」というのは大きな間違いだ。

むしろ、次なる大きな動きを予測して、静かに買いを入れるのも一つの方法である。

株価が動かない時は、「休んでいる」わけだから、その銘柄の業績や割高割安、将来性などをしっかり見る良い機会だ。

派手に動いている銘柄にばかり投資をすれば、誰かが利益確定するためにお金を出していることになりかねない。

小動きは大切なターニングポイントである。

この時にこそ、チャンスがあると考えたい。

[6594 ニデック　日足]

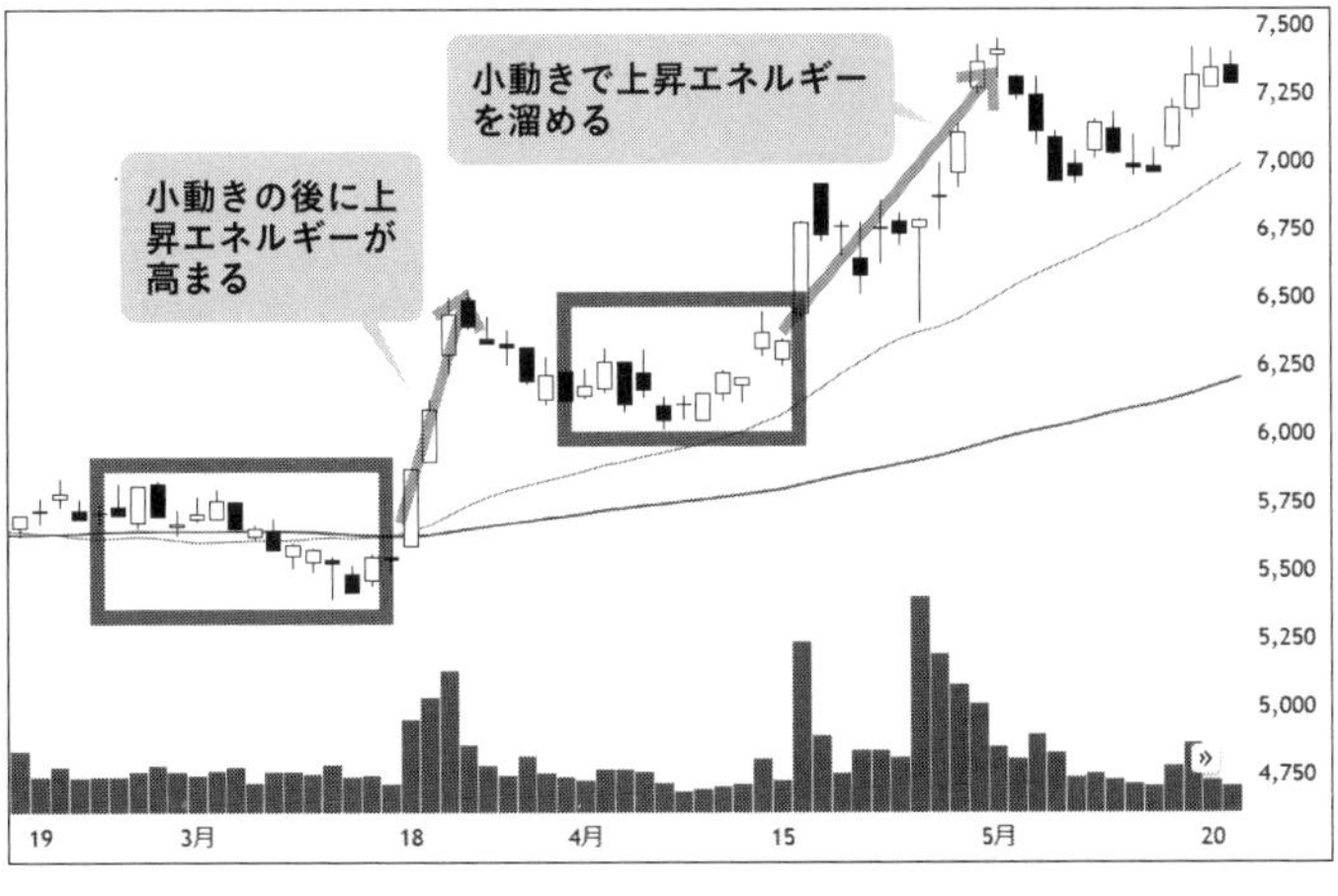

14 コマに込められたメッセージを読む

ローソク足で「**コマ**」と呼ばれるのは、文字通り、**割合短いローソク足の実体に、上下のヒゲが出ているもの**である。

これは先に述べた「小さな陰陽線」と似たところがあるが、それほど小さくもないので、そこそこの出来高でトレンドは一つの方向に出ていることが多い。

ただ、コマになっているのは、やはり、売り買いのせめぎ合いになっているためなので、**間もなくトレンド転換がある**ことを知っておく必要がある。

コマになっているのは、上下に株価が振らされてはいるが、ある一定のところに株価が押さえ込まれているためだ。しかし、押さえ込まれただけで、売り買いどちらかのバランスが崩れれば、上昇か下落のどちらかに傾く。

このローソク足が出た時は、次なるトレンド転換への心の準備をしておくことだ。

どうせ上がるだろうからと放置すれば、たちまち含み益がなくなるか、大きなマイナスを抱え込むことになりかねない。

逆も言える。底値からの転換で、上げ本番となる可能性があるので、仕込みのタイミングとなり、大きく上がる前の仕込みのポイントになる。

上がり過ぎないうちの大切なタイミングを暗示する指標なわけだ。

もちろん、この一つの足だけでは判断できないので、いくつかのシグナルでの判断となるが、コマが出るような力関係の綱引きの後には、バランスが崩れる可能性があることを知っておきたい。

［4722 フューチャー　日足］

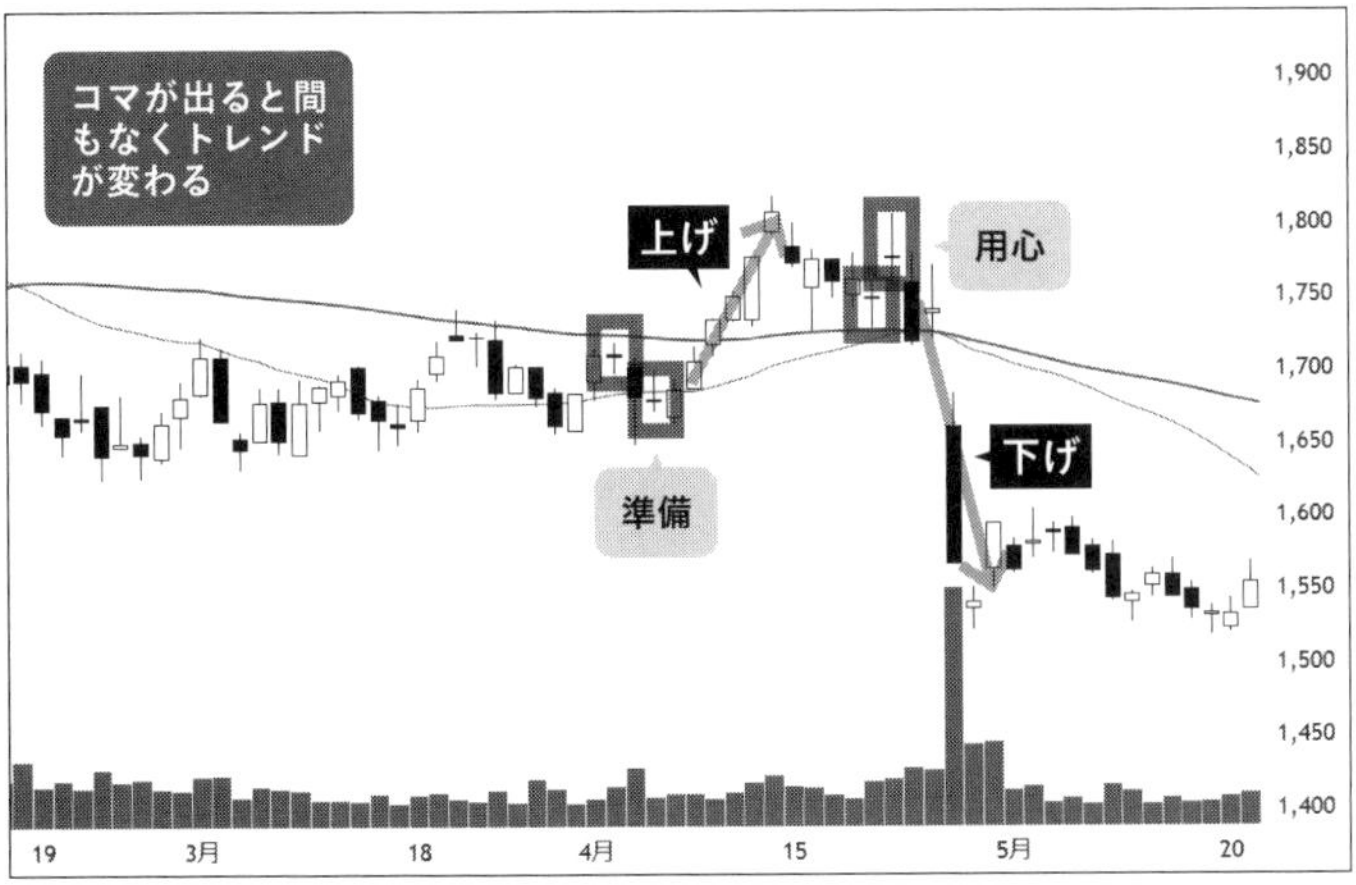

15 1本の横線は、ストップ高がほとんどだ

新興市場の銘柄に多いのが「横1本」のローソク足である。

これは1日のうちで、**大引けだけで株価が成立する「ストップ高比例配分」**だ。新興市場では、浮動株が少ないので、多くの買いが集まると、同じ枚数の売りがないために大引けでの比例配分扱いとなる。強力な買いが入り、人気化すると、このストップ高は1日では収まらないで、2日も3日も続くことがある。そうなれば、横1本のローソク足は何日も続き、相当な高値になって初めて通常の売買が成立する。

ただ、**株価が買い一色から、利益確定の売り一色となりがちなのが小型の銘柄の特徴**である。ストップ高の後にストップ安が来かねない。

ストップ高になる銘柄は、個人投資家が群がりがちだが、よほどの上級者でないと利益を上げるのは難しいものだ。**近寄らない方が得策**と言えよう。

Chart

鬼77則

Part 3

足の組み合わせでその先が見える

チャートは、感情に流されやすいマーケットに、極めて冷静な示唆を与えてくれる。

——リチャード・ドライハウス

16 かぶせ線は位置が問題

前章では1本のローソク足の話をしたが、**2本のローソクがあれば、ある日の動きに対して次の日に株価がどう動いたかで、その後の株価の方向性が見えてくる。**

まずは、「**かぶせ線**」である。

前日株価を上げて大陽線を出し、翌朝は前日の値動きの中で高く始まったものの下落して、終値は前日の陽線の範囲内に収まってしまう形だ。

その後、大陽線の後に陽線が出れば悩まないで済む。

しかし、陰線が出た時が問題だ。それをしっかり読み込まないと、せっかくの含み益を溶かしてしまう。

ここにあげる「かぶせ線」は、要注意のローソク足の組み合わせである。

前の日に大陽線が出たのに、**翌日、前の日の勢いで高く始まったが、利益確定の売りが**

多くなったのか、株価はだらだらと下げてきて、ついには前の日の株価の半ばまで割り込んでしまった。それが表されている。

少しくらいの割り込みならば気にしないでよいが、**半分近くやそれ以上割り込めば、**「売りが多い」という感覚を持ち、投資家が一斉に利益確定に出やすい。

すなわち前の日の陽線と翌日の高く始まった株価が当面の高値で、後は下落になるのだ。この**かぶせ線は上げ一服、下落のシグナル**になる。ただ、**押し目買いのチャンス**にもなりやすい。

[6524 湖北工業　日足]

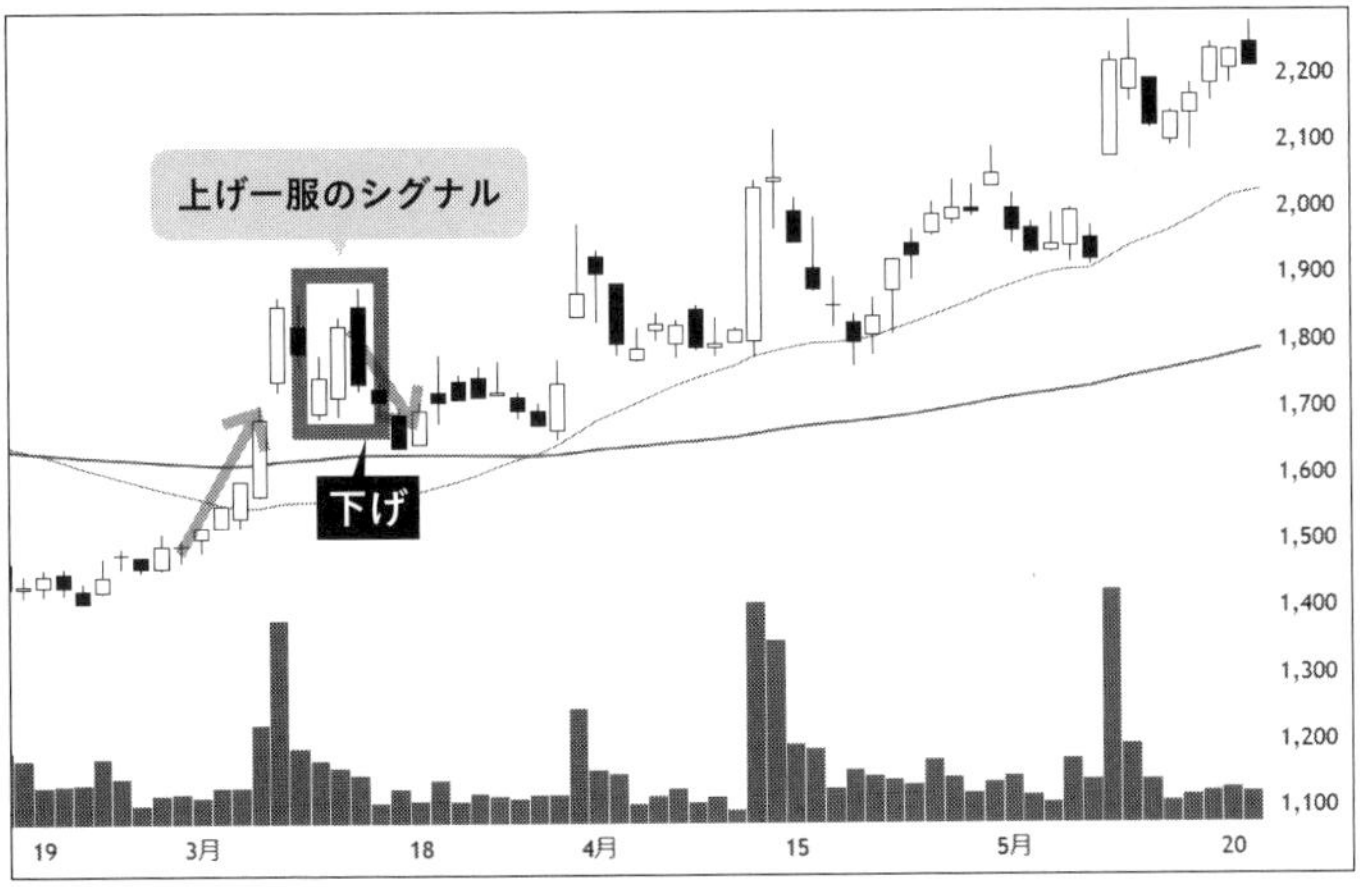

17 連続線と不連続線

一般的に、株価の動きは連続している。

すなわち、前の日のローソク足と付かず離れず、上値か下値がくっ付いているのが一般的だ。

ここにあるような「持ち合い相場」では、大体が陽線、陰線の繰り返しである。じわじわ動き、投資家をジリジリさせる。このローソク足が横につながっているのがいわゆる**連続線**だ。

しかし、株価は急変動することもある。

前日の株価とかぶらない値にローソク足が、ポンとできる。

つまり連続した線が断ち切られ、**不連続線**が出現する。

そこに、チャンスがある。

この不連続線というのは、どの銘柄でもやってくる。持ち合いの後に来るのは、突然の上げや下げだ。

上に飛んだ足を発見したら、「強さ」のシグナルなので、私なら**翌朝に成り行き**で入る。指値は成立するとは限らないのでムダである。

投資家が連続線の動きにしびれを切らせば、次なる激変、すなわち、急な上昇の果実を得ることは困難である。

その意味で、投資は我慢比べなのだ。

私はせっかちなので、それで何回も苦汁をなめている。

不連続線が出る時を待つ胆力を持とう。

[6574 コンヴァノ　日足]

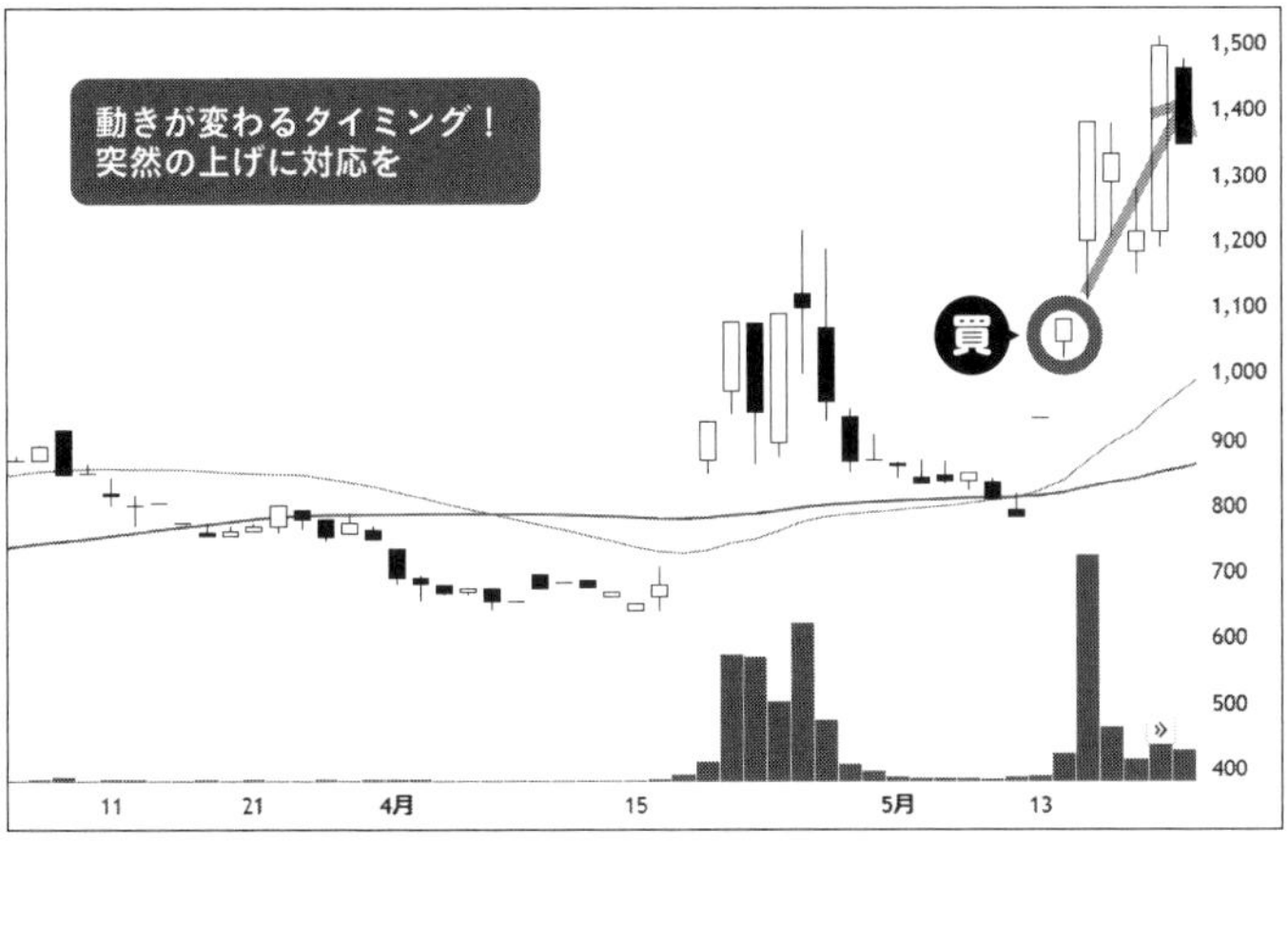

18 上放れ、下放れの意味

株価の方向には売買のバランスが大きく狂った時に「**放れ**」が起きる。

前日のローソク足から「窓」が開く形だ。

買いが極端に多く集まれば上に放れ、逆に利益確定や投げが多くなれば、下に放れる。

もちろん、通常はよほどの品薄、小型の銘柄でなければ、そうは値が飛ばない。

しかし、持ち合い、横並びの動きが継続する中でエネルギーが溜まり、何かの材料があれば、急激に上がったり、下がったりする。

そこに、投資家の気持ちが反映されるのだ。

極めて良いニュース、業績のポジティブな発表があれば、売買の需給バランスが崩れて、株価の位置は大きく離れる。

ここにあげたローソク足を見れば、下げの途中での反発の大陽線の後に、株価が上に飛んで勢いの強さが印象付けられる。

買いの需要が大きくなって、株価は始値から「特買い」となり、上に飛び、さらに上値を追う。

人気化した銘柄の足の組み合わせである。

逆に、悪い材料があれば、大陰線を見せて「売り気配」となり、株価が下に放れて、落ちていく。

下放れの典型的な動きである。

このようなローソク足の組み合わせには、十分に注意して、その先の動きを監視したい。

［ 3902 メディカル・データ・ビジョン　日足 ］

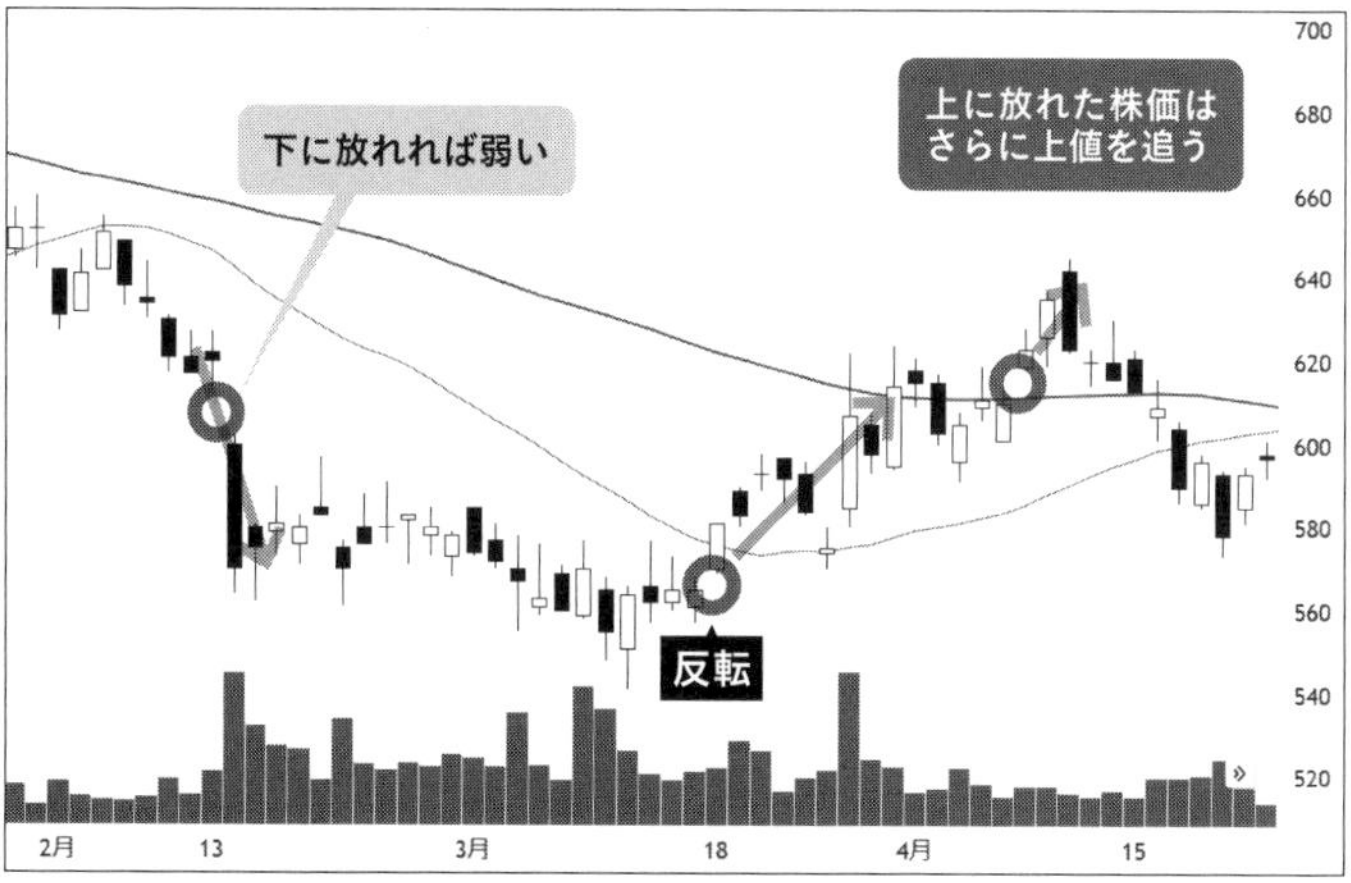

19 上放れの「たすき線」

たすき線とは、陽線に対して、それを打ち消すかのような陰線が、上げの途中に出ることをいう。

いわゆる「**たすき掛け**」である。

なぜ、このようなローソク足が出るのかを考えると、このシグナルが示す答えはある。

投資では利益確定の売りは必ずある。

それをこなすために、株価が一時的に下がる。

実はこの動きが株価の上値を高くする。

買い一方であれば、買った人ばかりになり、「売り待ち」の人が多くなる。

いわゆる「重い」状態で、これは株価の上げを重くするのだ。

しかし、たすき掛けの売りが出れば、買う人もいるが、売る人もいることが示される。

売った人は次にまた買うだろう。新しい買い方が出てくる。

売り買いの回転で、次第に高値に向かう。

この循環が株価の上げを可能にする。だから、このシグナルはきちんと見ておく必要がある。

押し目買いのポイントなのである。

底値を付けて上げ始めた時に、利食いのための下げが小幅になったら「押し目買い」のチャンスとなる。

「陰線は良くない」というトラウマは避けたい。

陰線がたまに出ることは、株価の勢いの補給のようなものだ。

［6937 古河電池　日足］

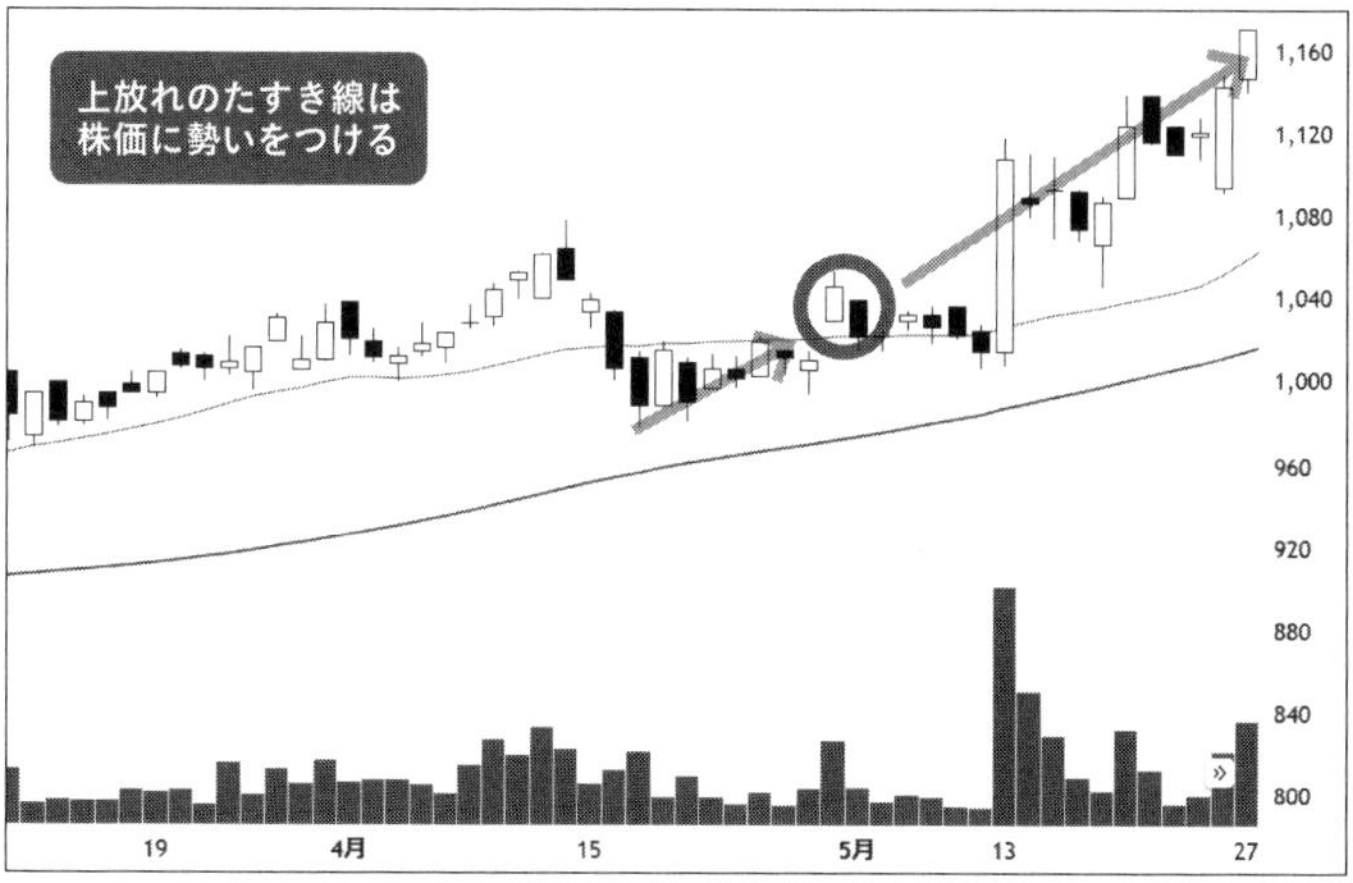

20 下放れの「たすき線」

上げトレンドとは反対に、下げの途中で陰線に続いて、陽線がたすき掛けで出るのが、この足である。

株価が下げてくると、往々にして「下げ過ぎだ」という「値ぼれ」の買いが出てくるものだ。

そこで買っても良いことはないから読者の皆さんには心しておいてほしいのだが、下げの途中に「いくら何でも安過ぎるだろう」と買いが出るのが、株式市場の実情である。

しかし、無残なことに相場は下がり始めると、お構いなしに下げてくる。

下げの途中で買いが入っても、下げ傾向は変わらない。売りが売りを呼んで投げの材料が増えることとなり、下落を加速させることになるのである。

つまり、下げの途中の反発の陽線があったとしても、決して良いシグナルではない。**株価の支えや反転上昇には絶対にならない**。

言うならば、下げの勢いを加速するための「燃料」になるだけ。

「値ぼれ買いだけはやめなさい」という教訓、警告の「たすき線」である。

昨今の株価のトレンドは、ひとたび下を向いたら、簡単には止まらない。

「いくら何でも」の予想を超えて下げ続ける。

だからこそ、**「下げ止まり」のシグナルがあるまでは、手出し厳禁**なのである。

[6632 JVCケンウッド　日足]

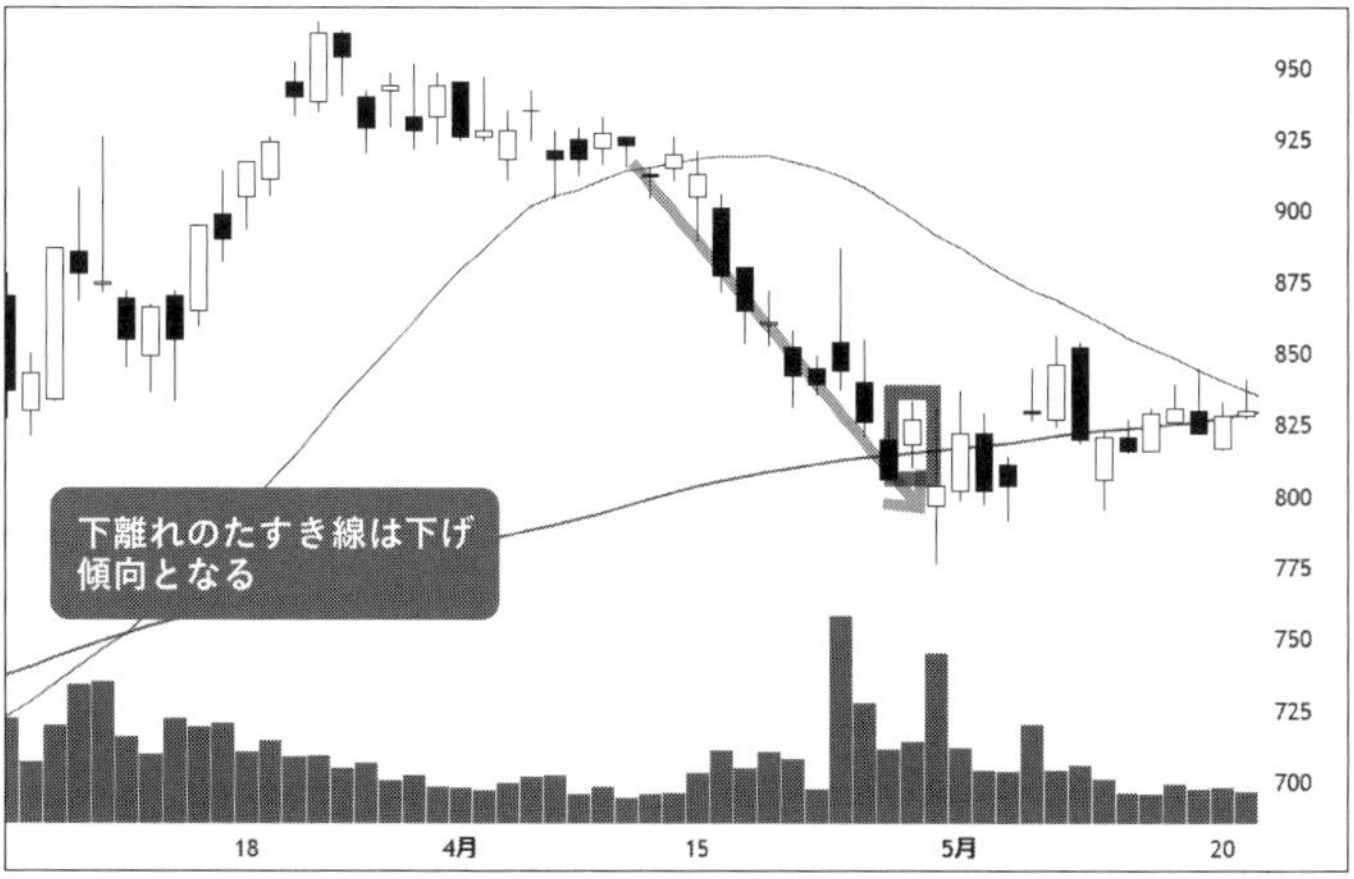

21 寄り切り線は強さを示す

株価がしばらく下げてきて、売りが途絶えた段階では、それを見越した打診買いをする投資家が現れる。

売りが弱くなった段階で、少し買いの玉が多く入ると、市場では、一斉にその銘柄に対して「買い有利」の考え方に傾く。

それでできるのが、**陰線を覆す陽線**、ないしは**下ヒゲのある強い陽線**である。

これを**寄り切り線**というが、大底でも、押し目でも出る**下値限界のシグナル**であり、このタイミングをきちんと見分けて、**買い**または**買い増し**を行えば、投資での失敗は少ない。

株の売買は常に力関係がどちらかに傾いているわけで、その転換点を俊敏にかぎ分けるだけのスキルを持つことが、勝ちにつながる。

つまり**下げる銘柄を注視する**「**逆張り**」の手法であるが、**底値を見極めて買いに出る**わけなので、リスクが極めて少ないことがわかる。

対して順張りは、上げている銘柄に飛び乗る手法だが、これだと利益確定の売りに押されるか、何かのきっかけで急落に見舞われる可能性が高い。急落して含み損となれば、仕込んだ玉がプラスに回復するまでに時間を要する。絶対有利の投資スタイルとは言えない。

ここにあげた、下値や底値からの「寄り切り線」を覚えておくと、玉仕込みのタイミングがつかめ、結果的に有利なトレードができるだろう。

［1333 マルハニチロ　日足］

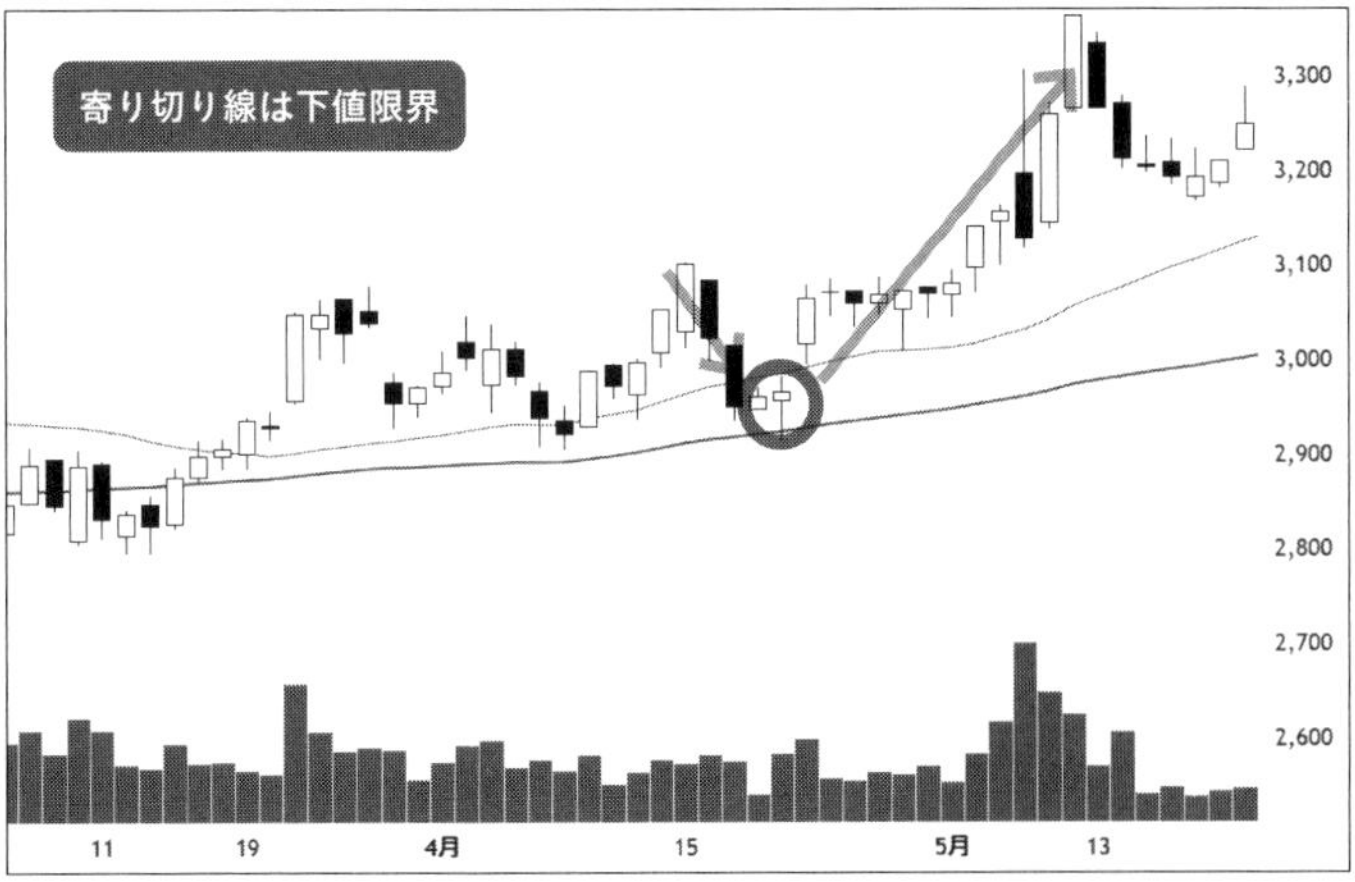

22

「たぐり線」が下値に出れば

たぐり線というのは、**長く出る**「**下ヒゲ陰線**」「**下ヒゲ陽線**」のことだ。上ヒゲがない形から、カラカサ線とも言われる。

下値まで株価が下落したが、その株価では「割安感」が出て、投げの売りの後に買いが増え、その後は上げていくことが多い。

ここでは陰線（下ヒゲ陰線）が出ているが、この下値の「たぐり線」、すなわち反発の動きは、実体が陽線でも陰線でも大した意味はない。

このシグナルを見た買い待ちの投資家が、だらだらと下げてきたので「もう下はない」とばかりに動きだして、**株価は押し戻される**のだ。

下げの後の反発は、全体相場に動かされるのがセオリーだ。急落の後には8、9割の確率で、株価は上がる。それは極めて有利なので、ここでのポジションを狙うべきだ（もち

郵便はがき

恐れ入りますが
切手を貼って
お出しください

112-0005

東京都文京区水道 2-11-5

明日香出版社

プレゼント係行

感想を送っていただいた方の中から
毎月抽選で10名様に図書カード(1000円分)をプレゼント!

お名前《ふりがな》	
ご住所	郵便番号(　　　　　)電話(　　　　　) 都道府県
メールアドレス	

＊ご記入いただいた個人情報は厳重に管理し、弊社からのご案内や商品の発送以外の目的で使うことはありません
＊弊社 WEB サイトからもご意見、ご感想の書き込みが可能です。

明日香出版社ホームページ　https://www.asuka-g.co.

ご愛読ありがとうございます。
今後の参考にさせていただきますので、ぜひご意見をお聞かせください。

本書の
タイトル

年齢：　　　歳	性別：男・女	ご職業：	月頃購入

● 何でこの本のことを知りましたか？
① 書店　② コンビニ　③ WEB　④ 新聞広告　⑤ その他
（具体的には →　　　　　　　　　　　　　　　　　　　）

● どこでこの本を購入しましたか？
① 書店　② ネット　③ コンビニ　④ その他
（具体的なお店 →　　　　　　　　　　　　　　　　　　　）

● 感想をお聞かせください

① 価格	高い・ふつう・安い
② 著者	悪い・ふつう・良い
③ レイアウト	悪い・ふつう・良い
④ タイトル	悪い・ふつう・良い
⑤ カバー	悪い・ふつう・良い
⑥ 総評	悪い・ふつう・良い

● 購入の決め手は何ですか？

● 実際に読んでみていかがでしたか？（良いところ、不満な点）

● その他（解決したい悩み、出版してほしいテーマ、ご意見など）

● ご意見、ご感想を弊社ホームページなどで紹介しても良いですか？
① 名前を出してほしい　② イニシャルなら良い　③ 出さないでほしい

ご協力ありがとうございました。

ろん、倒産などの個別の材料がないことが前提)。

しかも、**下値で反発した銘柄は、当面のトレンドは、上げやすい。**

勝つ人は、こうした大幅な下げのタイミングで、個々のローソク足の動きを注視し、狙っている。これは真似るべきである。

下げたら買いで、上げた時の含み益は膨らむ。

こうして逆張りの投資をすれば、資金は次第に雪だるまのように増えていく。

勝つ人の投資の方法は、毎日は売買せず、下げた時に買うことである。

市場心理の逆を行く方が、結果は良い。

[4417 グローバルセキュリティエキスパート　日足]

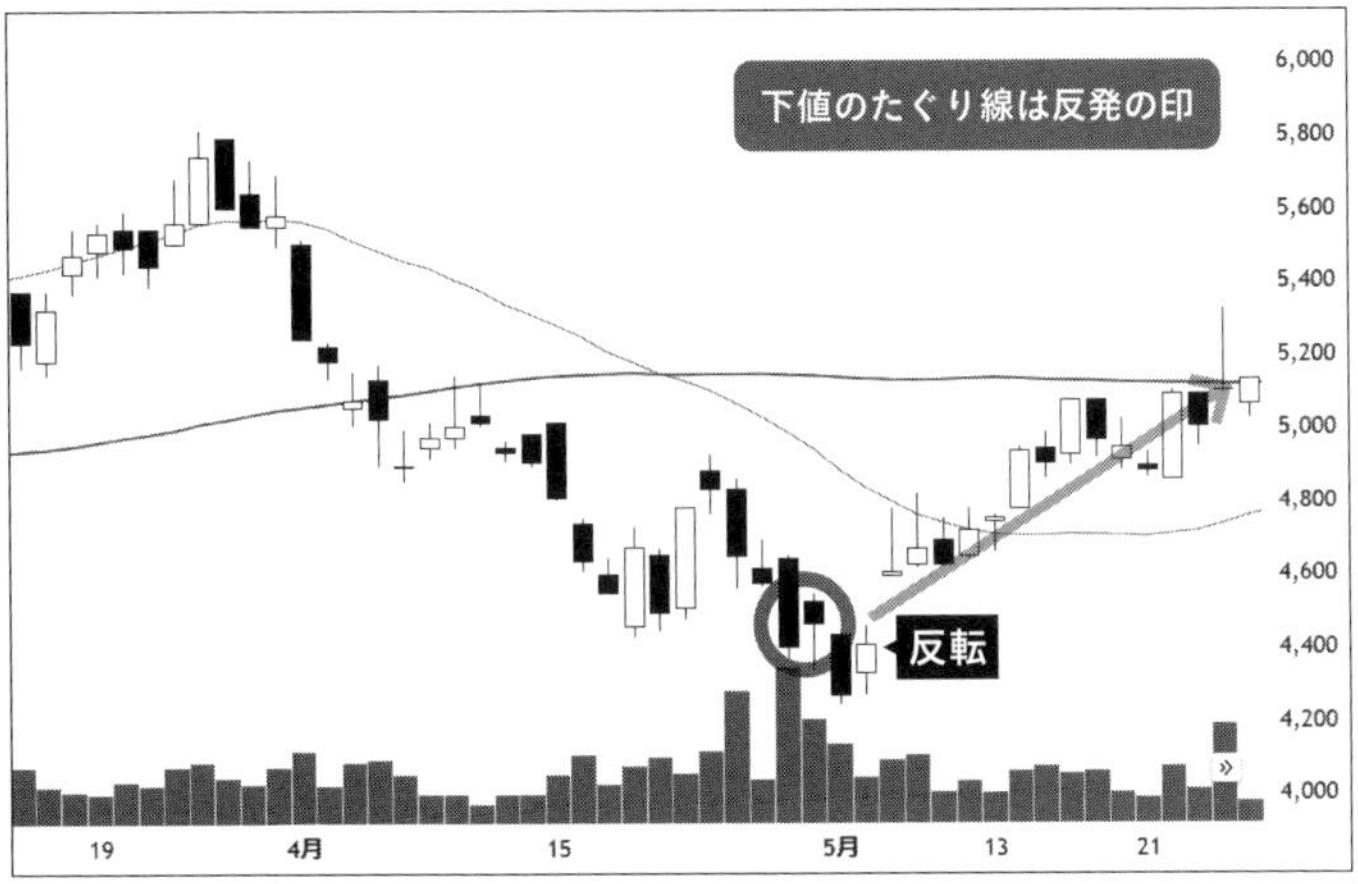

23 「放れ三手」は方向転換

「**放れ三手**」は、**下値から勢い良く上がる3本の陽線**というのが条件。

その形が「坊主の大陽線」でも、「上ヒゲ陽線」でも、構わない。

大切なのは、**下値から買いが断然増えて、買いが買いを呼び、3本以上の陽線が続く**ことである。

このローソク足の組み合わせが出た時は、下値確認からの上げなので、仕込んでもそうは心配がない。

もちろんやがては上値限界にはなるが、上げ始めの「飛び出し」のタイミングは狙いたい。

欲を言えば初めの1本の陽線に乗ってほしい。**早く気付いて素早く行動するのが勝利の鉄則**である。びくびく投資の人は、陽線が3本も出てから、やっと重い腰を上げる。それはあまり歓迎できない。

ここにあげたデータを見ると、株価が上に飛んでいて、買いの勢いが強いことがわかる。

株価の傾向として、3本も4本も大きな陽線が出て上げてきた株価は、いつ大量の利益確定の売りが出ても仕方がない。

すなわち、上げれば上げるほど、下げのリスクは高くなるのだ。

所詮は仕掛けた筋の買いである。仕掛けたからには、手じまい時もきちんと計算している。

くれぐれも、ファンドなどの利益確定のタイミングになってから買いを入れ、格好の餌食にだけはならないでいただきたい。

[5713 住友金属鉱山　日足]

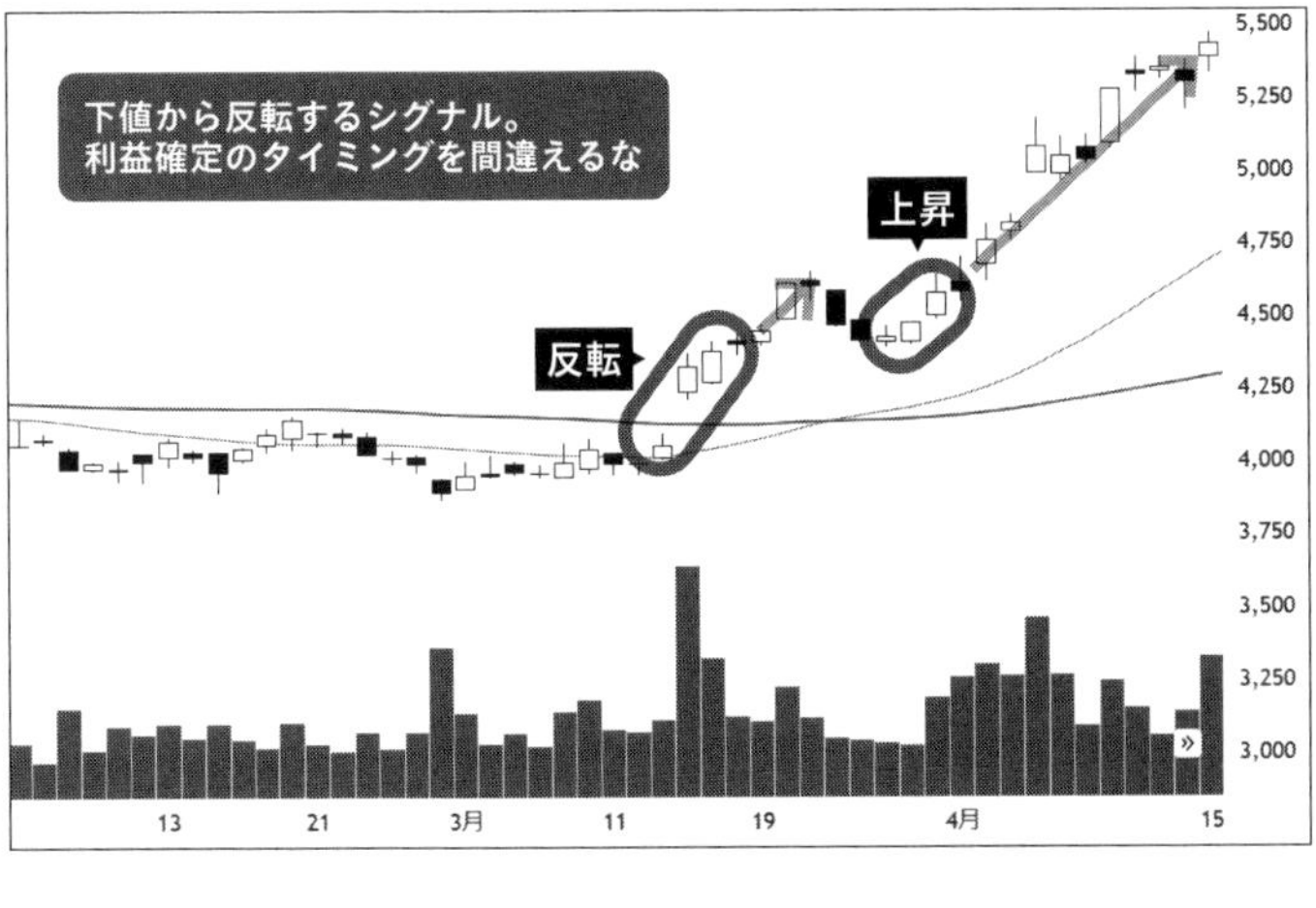

24 「陽のはらみ線」は上げポイント

陰線続きのトレンドの中で、**大きな陰線の後に小さな陽線**が出ることがある。抱き線と逆パターンだ。

これは極めて「意味深」なシグナルになりやすい。

新しい相場の芽が芽吹いたとか、新たな生命の誕生と言われる。

底なし沼のように下げても、倒産しない限りは株価はいつか割安となり、反転上昇に向かう。

その上げのきっかけになるローソク足の組み合わせの一つが、「**陽のはらみ線**」である。

大きな陰線の次に小さな陽線が出れば、売り一色に向かう買いの存在が目立つのだ。

大きな陰線陽線に比べて、このはらみ線の存在はあまりにも小さい。

しかし、小さな兆候の中に異変を感じて、そこに資金を投じる行動ができれば、投資で資産を増やすことができるのだ。

ほとんどの投資家は株価が勢い良く上がり、出来高が増えてから注目しがちだが、これでは遅いし、不利である。

皆が当たり前に判断する段階で行動しても、もう遅い。

下げた株価のわずかな兆候に上げや反発の動きにこそ目を付けるべきなのだ。

下値での反転をいち早く発見した人が、株で勝てるわけである。

［ 2121 MIXI　日足 ］

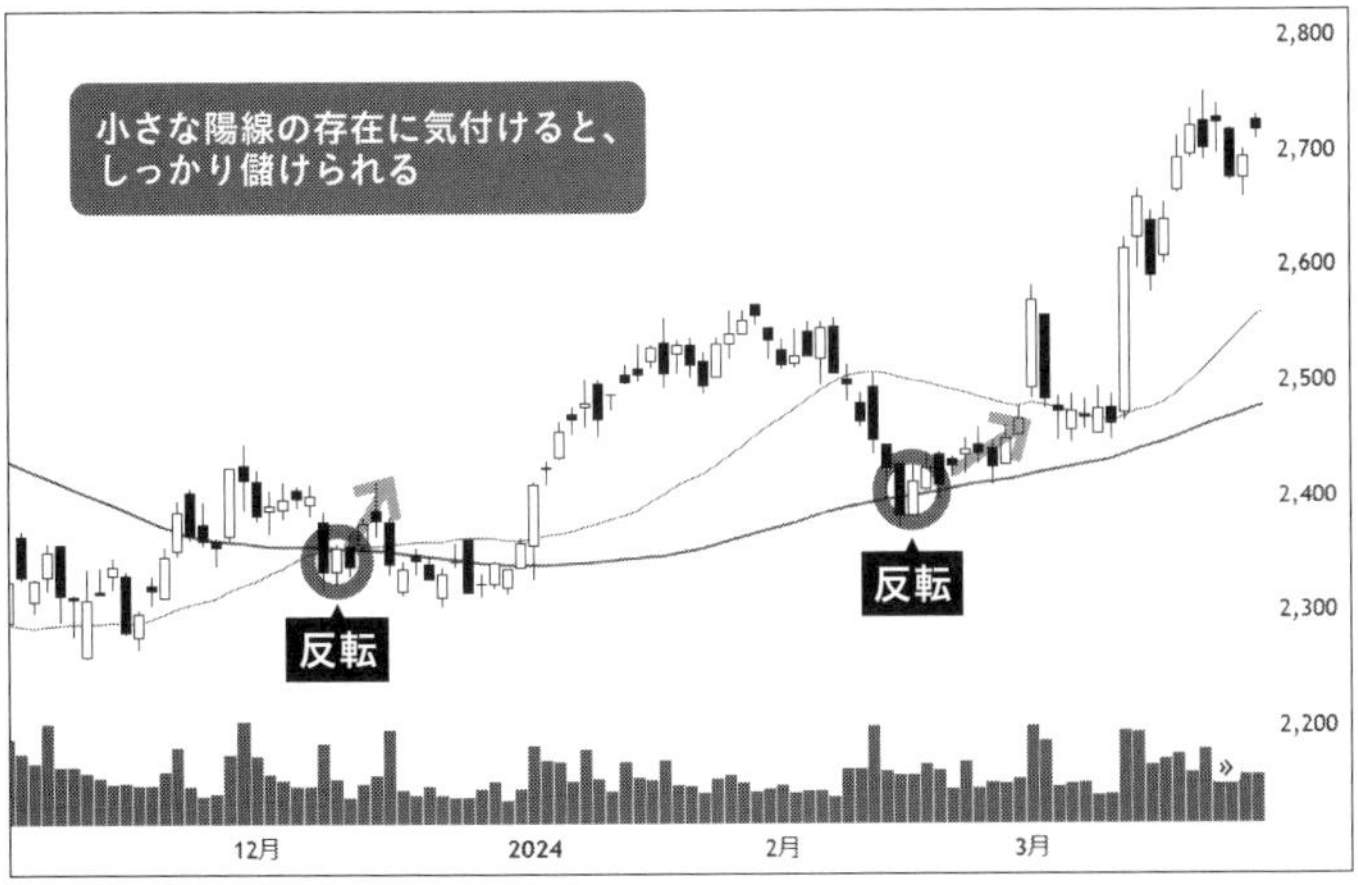

25 「空」の読み方

ローソク足とローソク足との間にできる「空《くう》」すなわち、「窓」はなぜ生じるのか。

その理由は需給の乖離にある。

上にできるのは、圧倒的な「買い玉」がある時だ。

売りが少ないために、売買が「買い気配」となり、気配が切り上がって、前日のローソク足から株価が窓を開けて上に行く。

逆に、下にできる時は、売りが多く、買いに対して圧倒的なので「売り気配」となり、株価は前の日に比べて、窓を開けて下げる。

このように、**株価の変動が大きく、勢いが一方的に傾く**時に窓はできる。

投資家心理は上昇、下落、どちらも一方に振れやすい傾向があり、これが昨今の株式市場の特徴と言える。

その激しい動きに冷静に対処することが大切だ。

「極端に上げる時は利益確定」を、**「極端に下げる時は買い向かう」**。

こうした逆張り思考が株式投資で成功する秘訣になる。

窓開けは株価の向かう方向や勢いを表し、「上げシグナル」「下げシグナル」の重要な指標となる。

たった2本のローソク足の組み合わせであっても、無視はできない。

［6841 横河電機　日足］

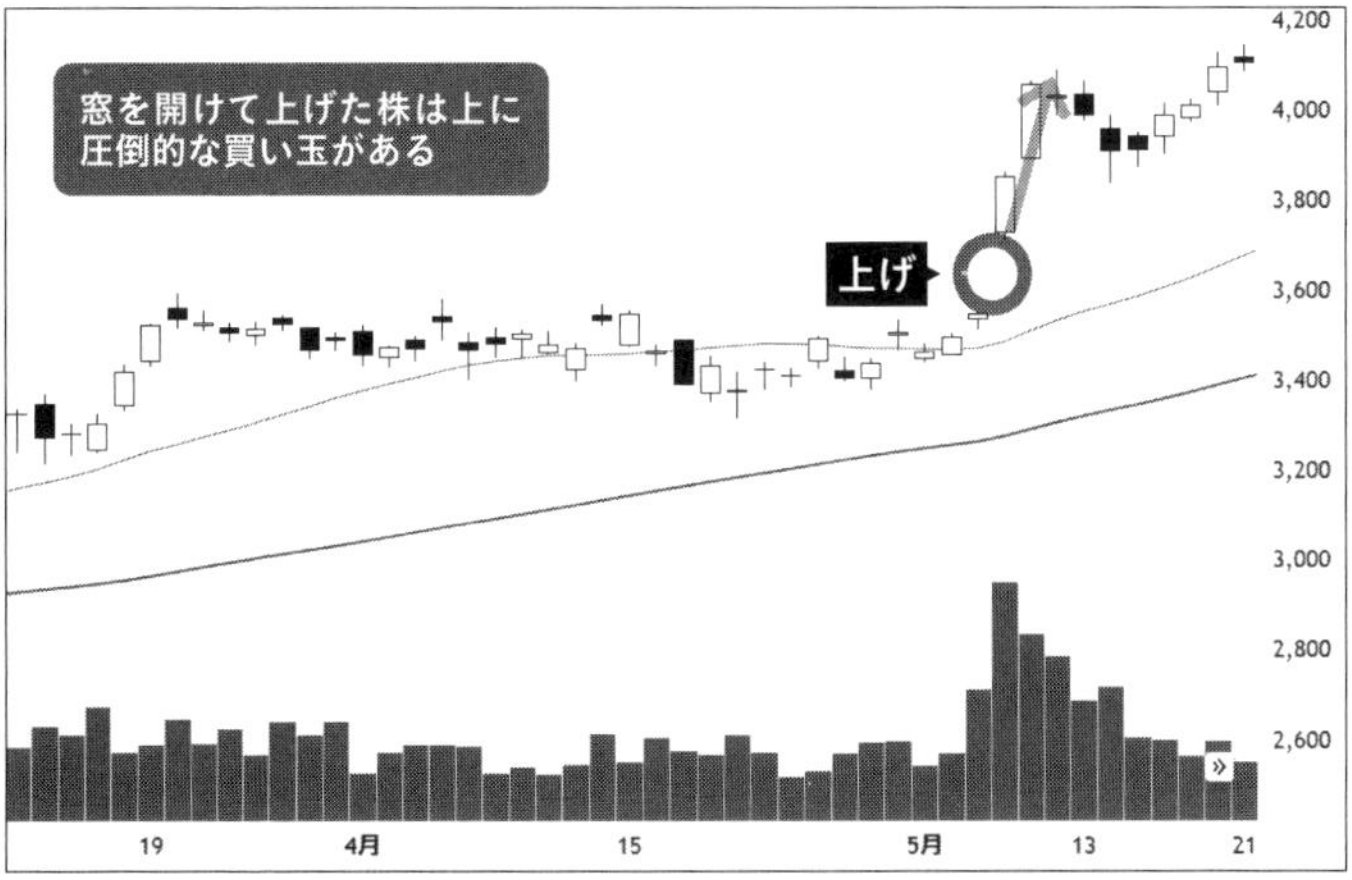

26 長い相場の「三羽ガラス」

今回お話しするのは、**「三羽ガラス」**。**高値から、もしくは持ち合いの後に、陰線が3本続くと、**姿を現す。

文字通り、3本の黒い陰線が三羽のカラスが飛んでいるかのように見える。

売り圧迫の強さ、買いの弱さを示すので、**更なる下落**が予測できる。

株価が上げるか下げるかは、参加者のマインドが大きく影響する。

「弱いな、まだ買えない」と考えれば、だらだらと下げてしまう。

逆に、下値での買いが多く、それを暗示するローソク足が出れば、控えていた人たちが「打診買い」を行うので、株価は下げ止まる。

投資の参加者は、意図的に株価を動かす面もあるが、すべてを操ることはできないので、チャートを読み解き、それを背景に売買の行動を起こす。

だから衆目にさらされているローソク足は無視できない。

もちろん、ローソク足で、来るべき株価の変動を完全に予測することはできないが、読み解く技術の差があるので、勝ち組・負け組ができる。

勝ち組の投資家たちは、「チャートの形がこうだから、確率的に次は上がる」というデータ至上主義ではなく、**「このシグナルを見たほかの投資家たちはこう動くんじゃないか」と心理を見抜き、裏をかく**のだ。

相場で勝つためには、あらゆるシグナルのパターンを自分のものにすることが大切である。

[6539 MS-Japan　日足]

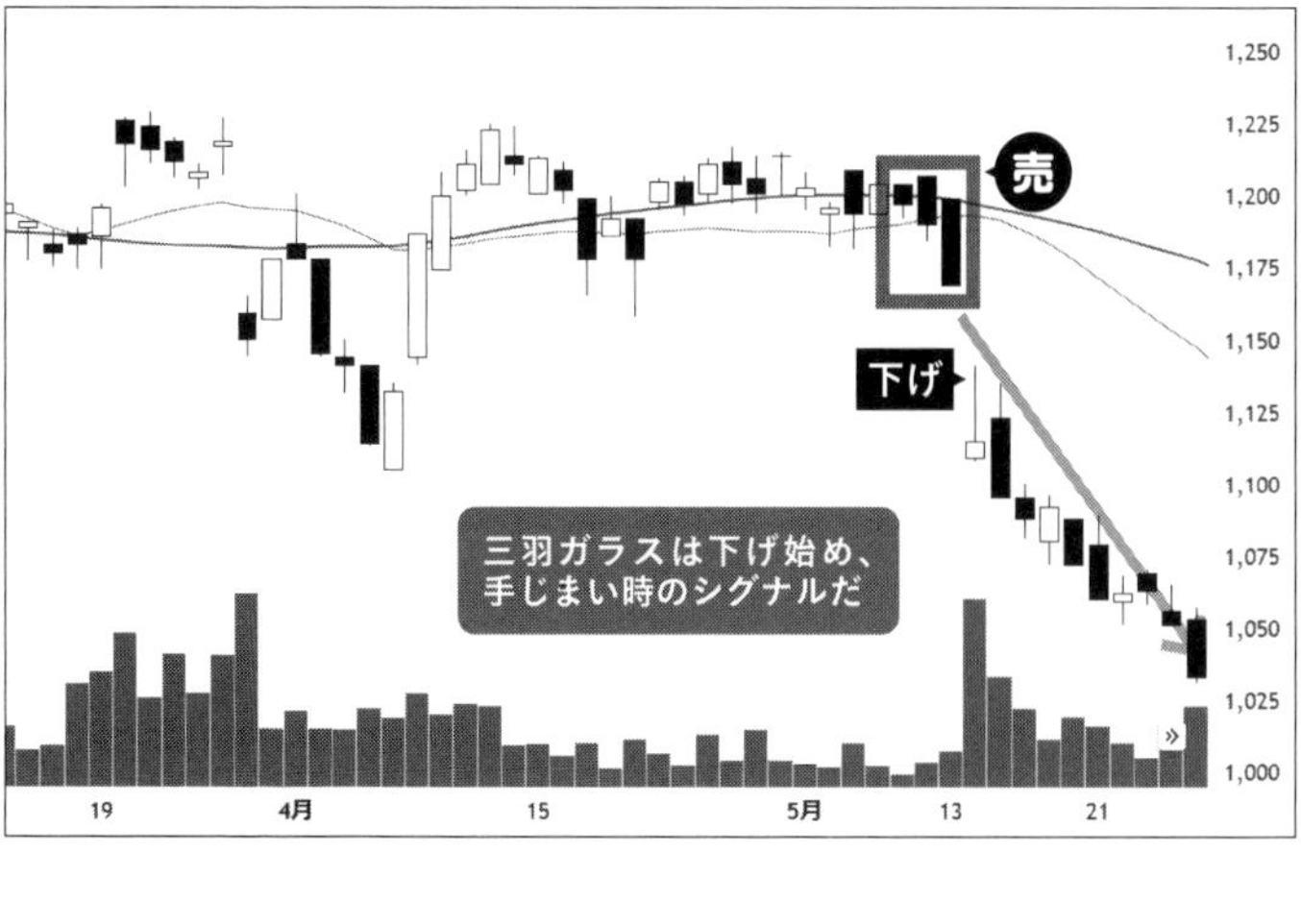

27 「抱き線」は天井、底値の兆し

ローソク足に「**抱き線**」というのがある。前日のローソクをすっぽり覆う形から別名、「**包み線**」とも言う。

ローソク足は売買の推移を描いたものであり、それぞれの銘柄の需給関係が明確に現れる。投資家は、ローソク足に出ている様々な動きから、売買の予測をする。

たとえば、抱き線の中でも「**下値の抱き線**」「**上値の抱き線**」**は重要**である。

下値で陰線を大きな陽線で包めば、その銘柄を買いたい筋が多いということであり、このシグナルをきっかけに、**株価が上げていく**可能性が高い。

早いうちに仕込めれば、儲けられるだろう。

上値で陽線を長い陰線が包むと、売りが多いということで、利益確定先行となる。我先にと手持ちの銘柄を売るので、**株価は下落する**だろう。

Chart

鬼77則

Part 4

最高の買い時はここに注目

賭けなければ、勝つこともない。

——ラリー・ハイト

28 「急落後の二つの下ヒゲ」はチャンス

株価は極端なことを言えば、「上げるか、下げるか」この二つである。

そこで、うまく安値を仕込み、反発で利益を積み上げるには、それにふさわしい株価の動きを発見しなければならない。

ここにあげた動きは**「美味しい底値買い」の極めてわかりやすいチャンス**と言える。

上値から4本の陰線をつけて、大暴落したこの銘柄。

下に放れて2本の下ヒゲが出た。

これは「売り尽くし」「売り枯れ」を意味する。

後は買いしかない。

売買のバランスが、そうさせるのだ。

その後はローソク足の下値をうまく活用したかに見える急反発の動きとなった。株価がひとたび上げ始めると急激になるのは、買いたい人もいるだろうが、信用の空売りの撤退もあるためで、ここにあるような「陽線続き」になる。

どの銘柄であっても、株価はこのような動きになりやすい。

買いから入る人は、パターンをうまく活用して、効率的に有利に仕込み、そして利益確定したいものである。

たった一つのパターンを覚えておくだけで、相当な量のキャピタルゲインを獲得できるはずだ。

あれもこれもやらないで、時が来たら一気に打って出る。この方法が効率がいい。

[1813 不動テトラ　日足]

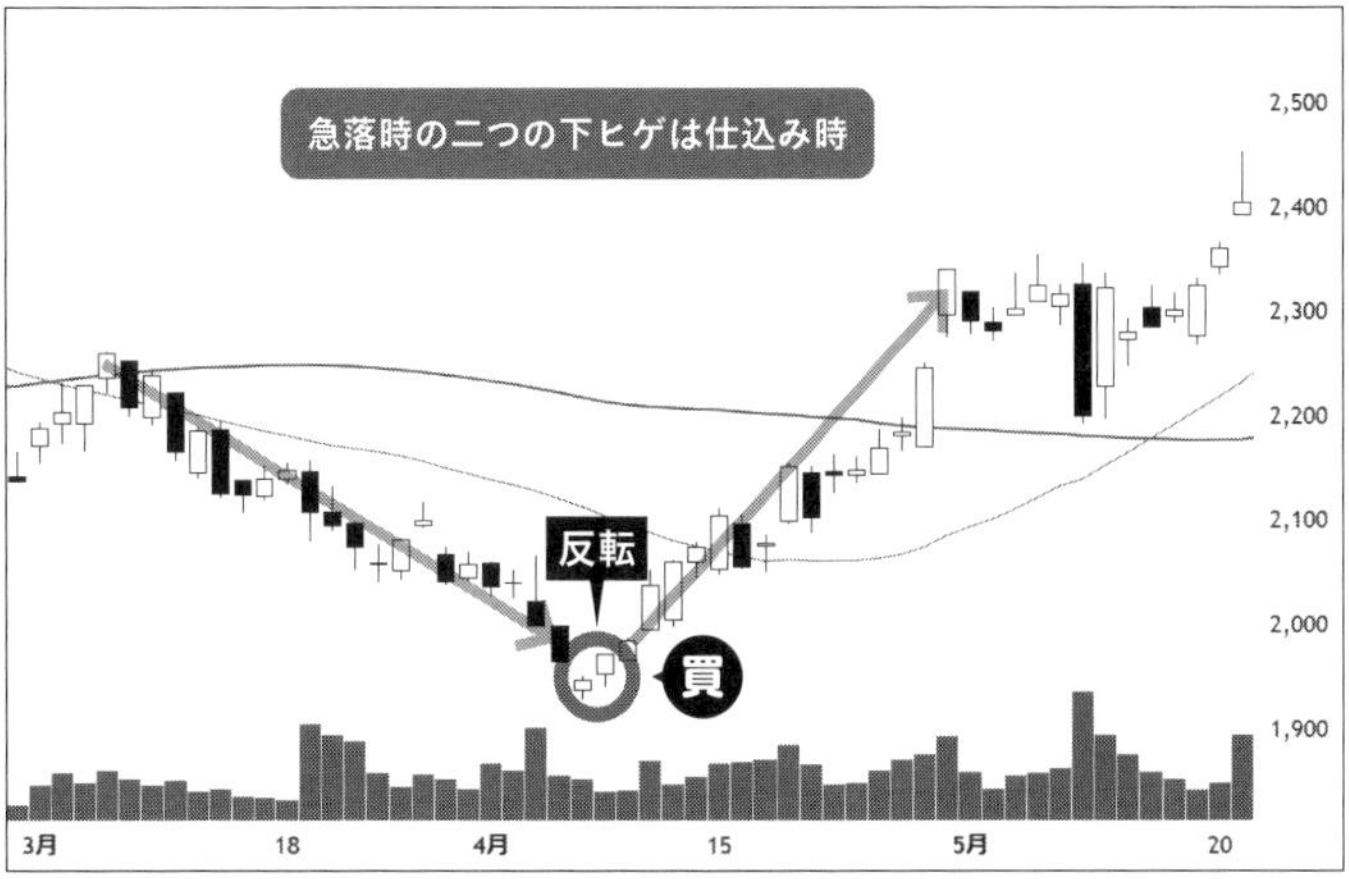

29 底値近辺での明けの明星、類似線は買い

株価に勢いがなく下げていると、買いが少なくなり、見切りの売り・損切りの売りも終盤になり、時には窓開けで売られる。この銘柄に対する見方が極めて暗いものとなる。

だが、「闇が深ければ、夜明けは近い」。

そういう言葉があるように、いつかは底を打つ。

どこが底なのかは、渦中にある当事者には誰にもわからないが、下値、売りの終わりのシグナルはいくつかある。

その一つが、ここにあげる「**明けの明星**」である。

売りがクライマックスになり、全面売り一色で、下に放れる。

すなわち、窓を開けてローソク足が出る。

買いが少ないので、株価は下に放れていくが、セーリングクライマックスになると、**下に放れた「捨て子」のような足**が出る。

実は、これが**最後の売り**で、売りが途切れれば、少しの買いで株価が上に飛ぶ。その後に、売買のバランスが「買い」に傾く。

売りが少なくなった後での買いなので、あれよあれよの勢いで陽線が出る。

ここで、参加者が「底を打った」と感じるので、今まで売っていた人も、一転して買いに回る。そこで、売買の力関係が買いに傾き、上げに弾みがつく。

これはまたとない「仕込み」のタイミングとなるのである。

［ 6381 アネスト岩田　日足 ］

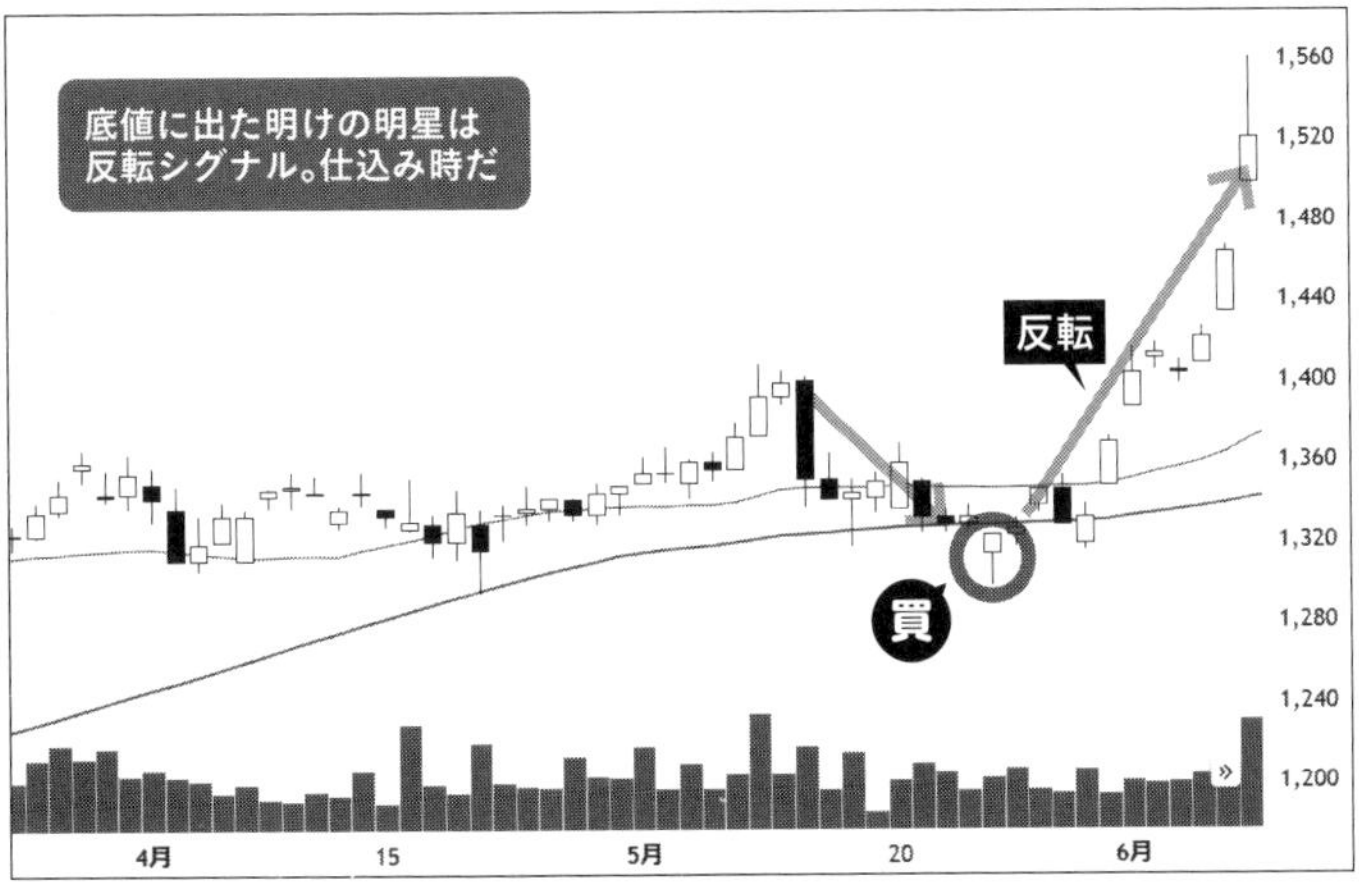

30 「持ち合いの動き」からの上放れ

株価の上げ前のシグナルには、「持ち合い放れ」というものがある。

上にも下にも大きく動かず、一定期間モタモタした後に大きく動くことだ。

これは、下値でも、中間でも構わないが、一定の値幅を取るタイミングとして活用したい。

「持ち合いからの上げ」になぜ勢いがあるかと言えば、一気に上値をとらず、一定の値幅に収まって動いている時に、**大きなエネルギーが蓄積**されるからだ。

もちろん、そこから上に行くばかりではないが、下げに行かないで、上に「ブレークアウト」した時には、今まで迷いながら売買していた筋が一気に上値をとる、高値を買うムードになるので、株価に勢いが出る。

長い間、持ち合っている時こそ、エネルギーが蓄積されるので、爆発力があるのだ。

古くからの株格言に「**持ち合い放れにはつけ**」というのがある。

一度、**持ち合い抜けをした銘柄は、安易に利益確定しないで、大天井まで**付き合っていきたい。

小刻みに利益確定する人は、小刻みに売るのでリスクは少ないかもしれないが、「勝ったり、負けたり」で、大した成果は得られない。

結果として株式投資の成果は上がりにくいのだ。

[1605 INPEX　日足]

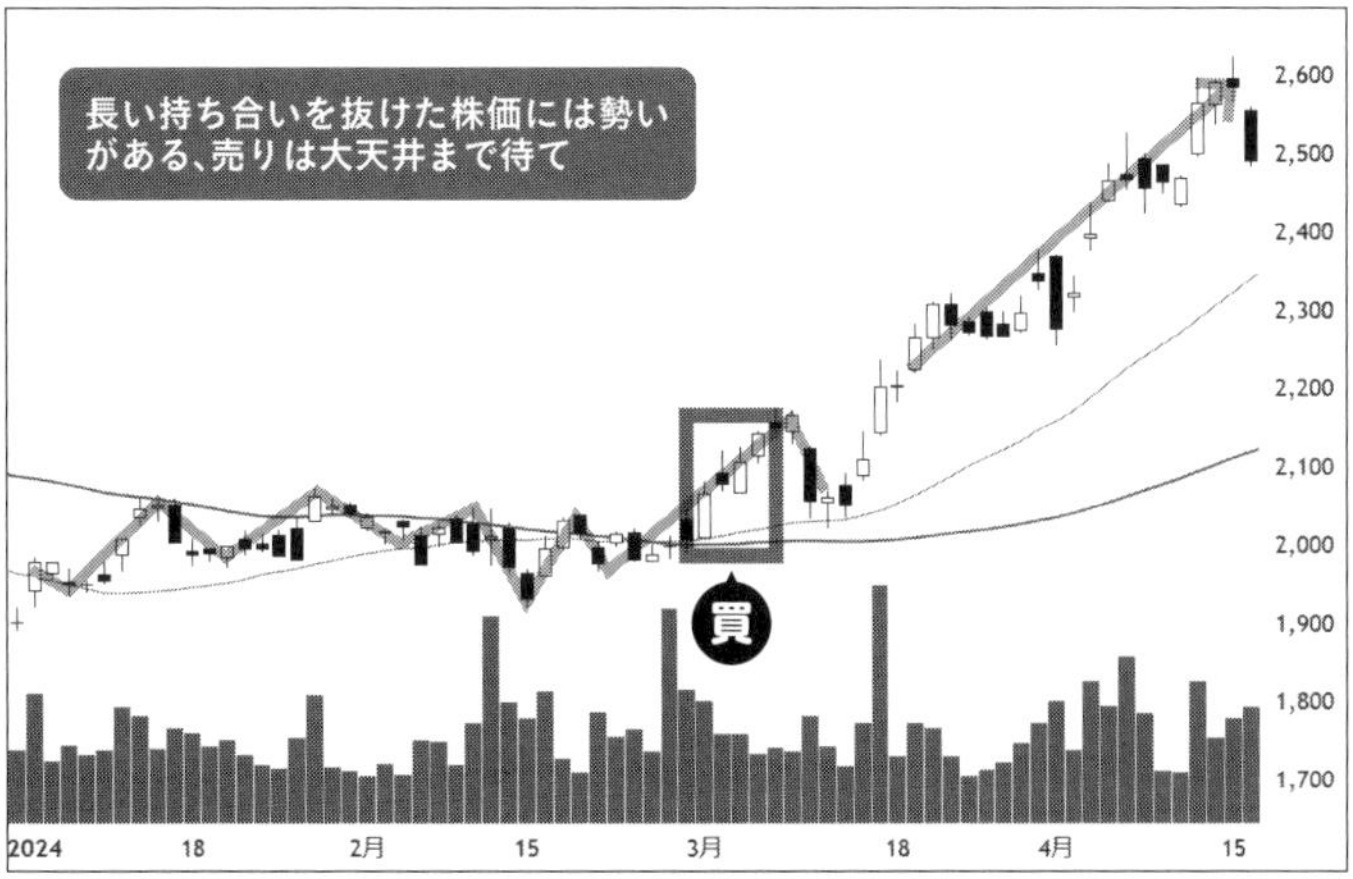

31 鍋底の動きからの上げは買い

株価の底値近辺の形には様々なものがあるが、取り立てて下ヒゲや大陽線などもなく、**なんとなく底値を付ける銘柄**もある。

ここでは、底値近辺でまるで「鍋底」のような形の底値を付ける例を述べてみる。

株価が大きく下落すると、利益確定や信用の強制決済、投げ売りなどが起きる。

投資家はなすすべもなく、意図しない売りを行うばかりとなる。

この状況で、特段有望でもない銘柄は、売り圧迫の中でだらだらと下げる。

ここにあげたローソク足の下値の例が、その典型だ。

ただ、この形での「底値買い」に入るのは、たやすくはない。

陰線をいくつも付けて、「もうだめか」と思うような時点で、陰陽の小さな足が続き、極端に売り込まれることもなく、横ばい、**鍋底のような形で売りを吸収**する。

しかしここで、マイナス思考からの売りが途切れるのだ。

私も短気なので、このようなだらだらの下げの時にはついつい手放し、その後の戻しで悔むことになる。投資家は常に騙される。

そうならないためには、**高値をつかまず、下手なナンピンで傷を深くしない**ことだ。

株価の勢いは、一つの方向に動きだしたら、行くところまで行かないと止まらないものだ。

しかし、このような底値の付け方もある、という知識があれば、その後の切り返しのチャンスがつかめる。

最悪の時を乗り越えるノウハウは必要である。

[3086 J.フロント リテイリング　日足]

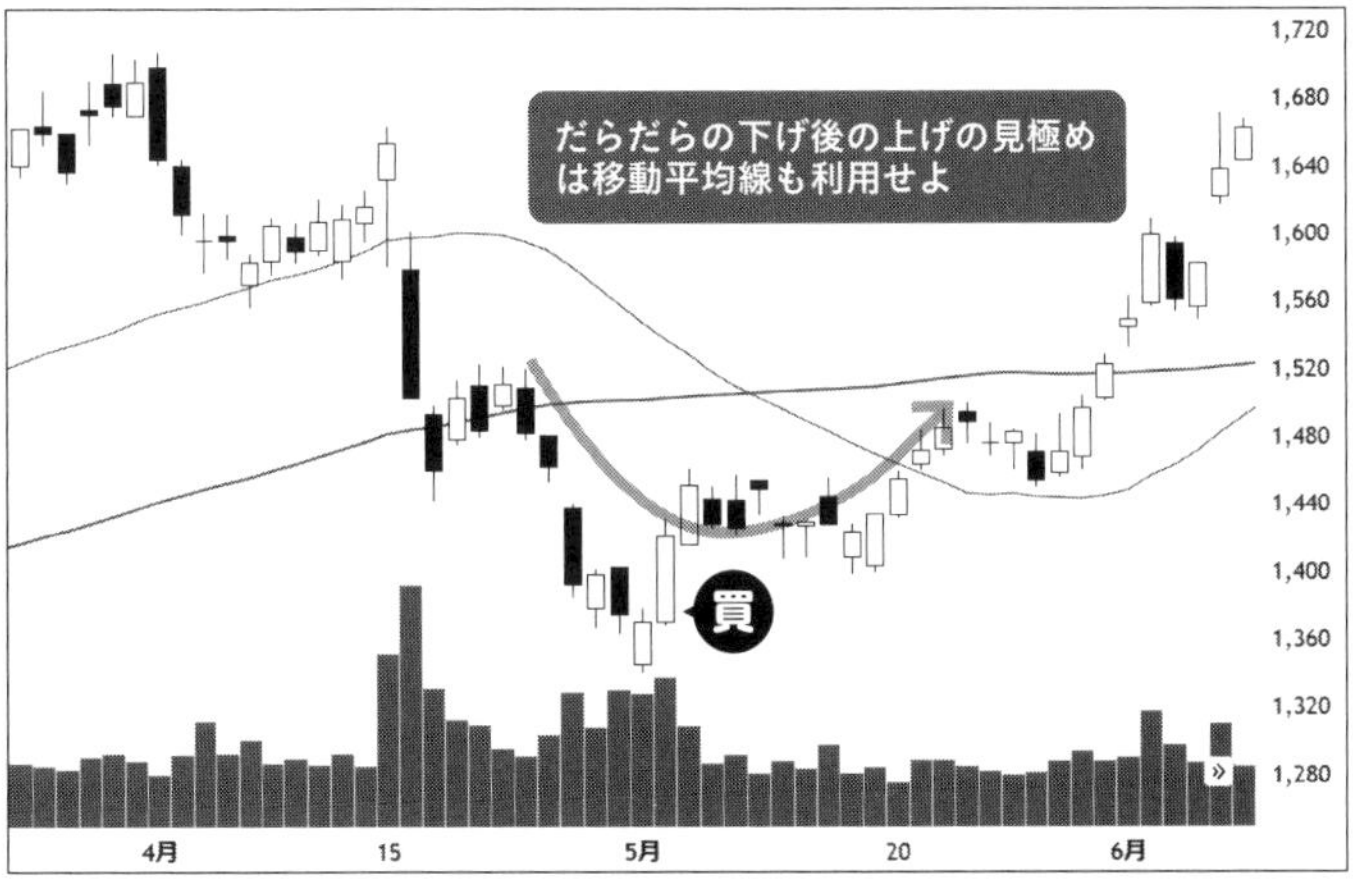

32

ダブル底・二点底は確率の高い底値

株価の動きの中で、下落の後に復帰するのには、一定のシナリオがある。

底値から株価が復活する時に極めて高い頻度で現れる「二番底」というものがある。

株価が下げてきて、やがては底値を付けるが、そのタイミングで入れば勝てるとは限らない。もう1回の「**二番底**」を用心しなければならない。

もちろん、1回の下値で、勢い良く上げる銘柄はいくらでもある。

しかし、2回の底値を付けて上昇する確率は高い。

ここにあげた銘柄は陰線続きの後に大きな陽線が出て、底値を暗示する。しかし、「やれやれの売り」は途絶えておらず、ある程度戻した時に売りが出て、もう一度、底値を付ける。

この**2回目のだめ押しがあれば、売りはたいがい途絶える。**

今度は売りの心配がなく、窓を開けて株価は反発から上げへ、しかも**窓開けの上昇**に向かう。

このようなダブル底の形は、期間は違えどいくつもあるので、株価下落の後に反発・上げのタイミングを計る際には、ぜひ参考にしてほしい。

株式投資は、いかに有利に仕込むかである。

その一つが、だめ押しでの底値を付けた動きなので、その後に株価が上に向かうタイミングをじっと見ておくのがいい。

[7974 任天堂　日足]

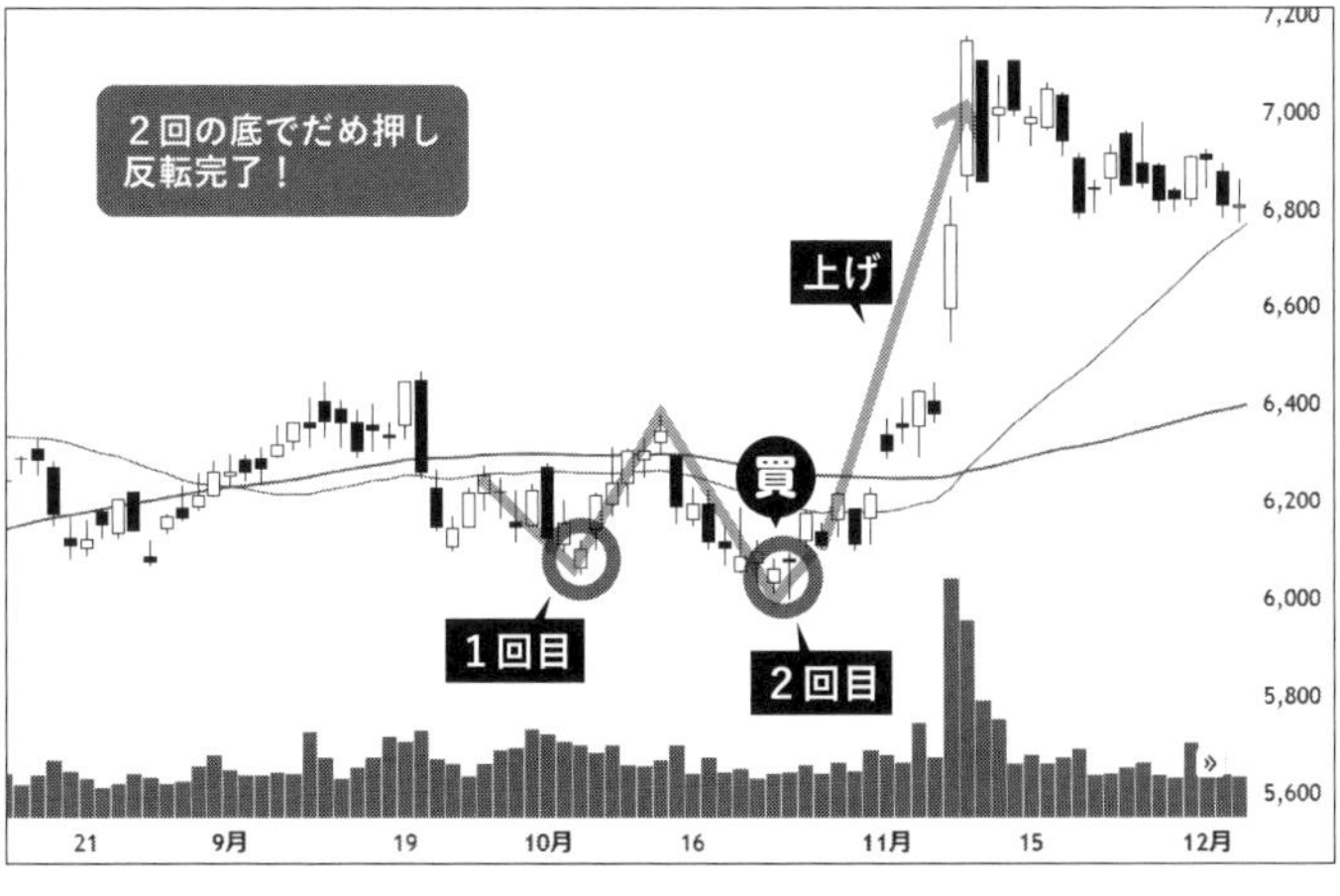

33 トリプル底からの上げ

二点底が下値のシグナル。ほとんどは1回のシグナルだ。

これが株価の底値を付ける形だが、ここまで念を押せば、上げだろうというのが、**「三点底」「トリプル底」**である。

何回もダメ押しの下げを経過して、売りを吸収する。

「売り枯れ」の後に上げていく、下値確認のシグナルである。

この銘柄では、だらだらの下げが終わり、小反発するが、**下げてきた移動平均線を抜けた後に、売りに押される。**

下に放れて、「明けの明星」がらみの2本の陽線で当面の大きな底が終わり、ようやくゴールデンクロスが完成するが、それでもしつこい売りが出て、また陰線となった。

相場は我慢が大切だ。

3回目の押し目の後に、窓開けの勢いのある上げがやってくる。

底値買いは誰もが望むことだが、その場にいたら簡単ではない。

しかし、我慢強く追跡していけば、さらに底値を買い足していくことで、割安に思える水準での仕込みができる。

この後に勢いのある上げに付いていけば、含み益が大きくなる。

我慢して底値を狙ったご褒美は大きい。

誰もができる底値買い。

しかし、それができないところに、株式投資の成功の難しさがある。

粘着力と「しつこいくらいの」執念によって株式投資の果実をわがものにできるのだ。

［8601 大和証券グループ本社　日足］

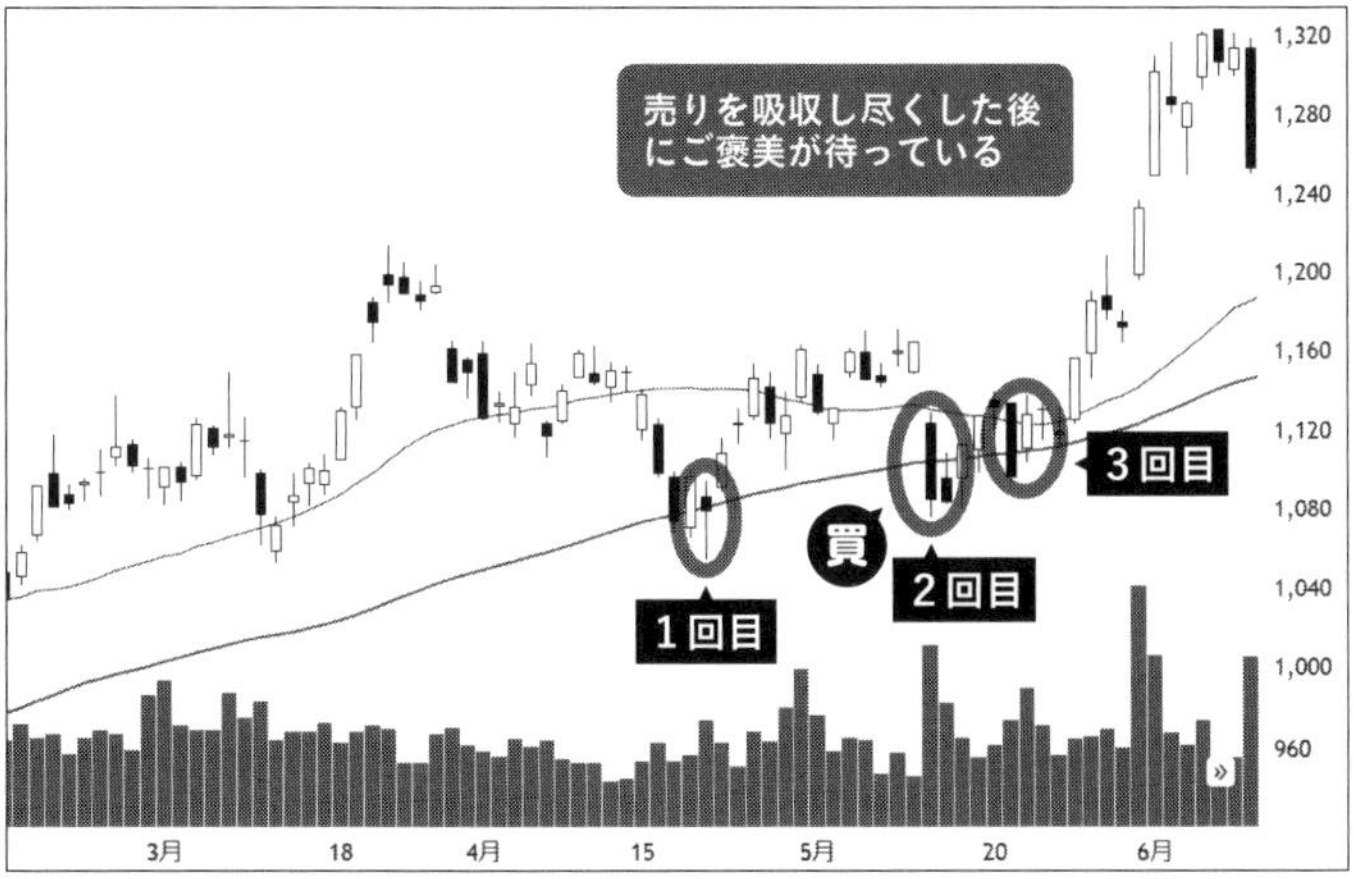

34 「移動平均線の上の持ち合い放れ」につく

底値や下値からの急激な上げのパターンはたくさん知っておくことが大切だ。なぜならば、どの株価の動きでも「下値からの反発」のタイミングが判別できれば、有利な仕込みが可能だからだ。

ここにあげた「移動平均線上の持ち合い抜け」は、出来高を伴うと急激な上げが期待できる。

ここまで、ローソク足の前後の組み合わせで買い時・売り時を見極める方法を述べてきたが、チャートにはもう一つおなじみの**移動平均線**というヤツがある。

5日、25日などの株価の平均を曲線でつないで表したものだが、この動きとローソク足とのからみも重要なシグナルである。通常、移動平均線とローソク足は付いては放れ、付いては放れる。

日足チャートで主に見るのは**25日線**だ。

ここにあげた銘柄は、しばらく25日移動平均線上での持ち合いが続いていたが、突如として窓開けの上昇になる。

株価に勢いが出て、人気化したのでこの初動に乗りたい。上値で持ち合いになったところが逃げ時である。

上げのサインは「窓開け、陽線、出来高」である。

これで、上に飛んだエネルギーに買い方が付いてくる。

株の売買は、「売りか買い」のどちらかだが、サイン確認で即動くのが得策である。

[3927 フーバーブレイン　日足]

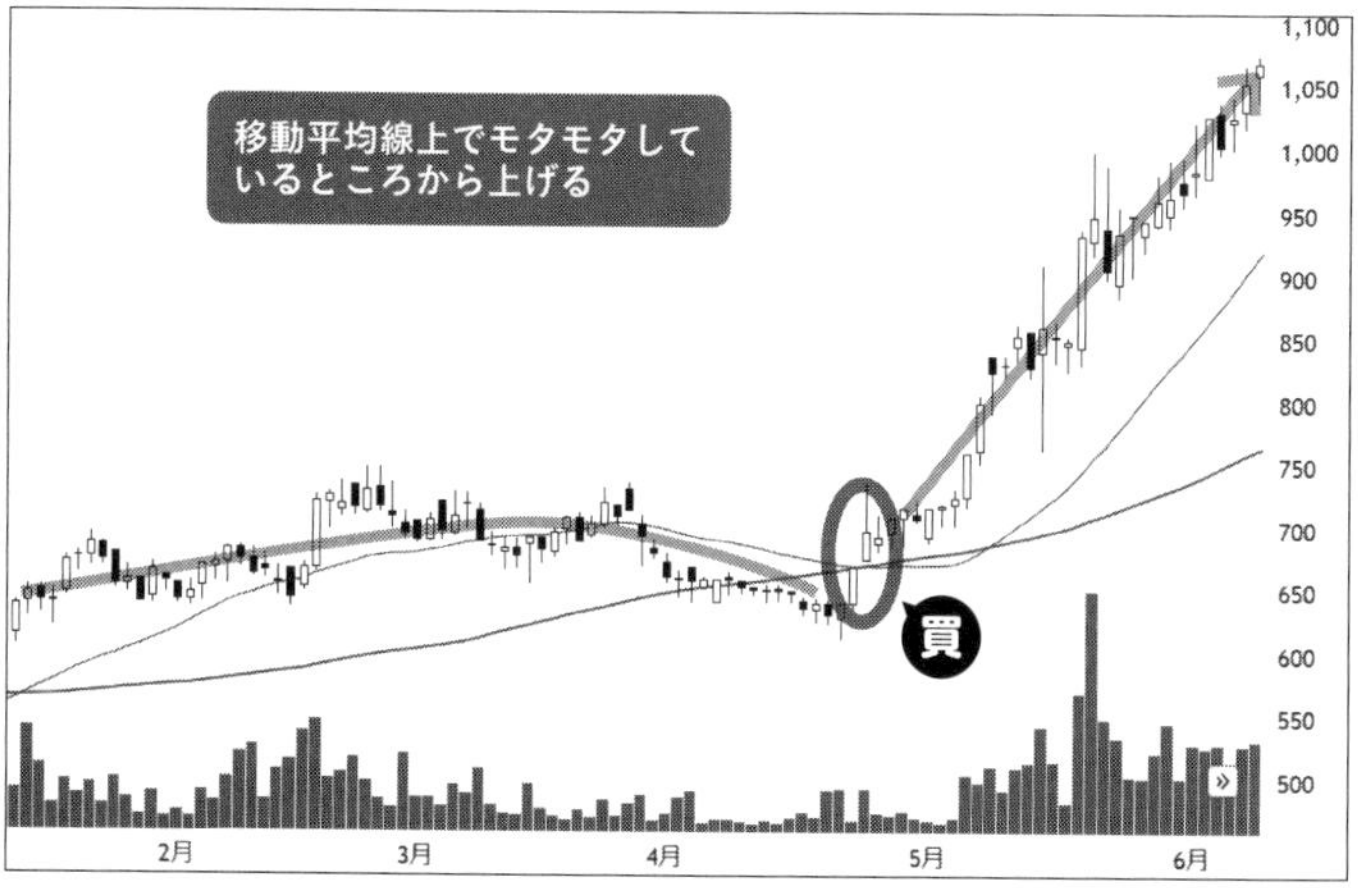

35 「三手大黒線」の底値

底値近辺からの株価の反発には、様々なものがある。

三手大黒線、すなわち「**3本の長い陰線**」が出ると、そろそろ底値かとザワついてくる。その後、株価が下げたところで、いくつかのコマと言える陰陽線が出ることで底値が明らかになる。

三手大黒線が示す「もう、これ以上は下げない」という下値サインに、下に放れない株価の動きが「底は打った」という確証を与えるのだ。

このように、**小さなローソク足が出た後で、底値から立ち上がる陽線が出て、さらに、窓開けの陽線が出始めれば、明らかに買い**である。

しかも、下ヒゲがあれば1本の足の形でも大切に見てトレードしたい。

株価はシグナルを読んで上げる方向に向いていく。

株価に勢いがあれば、勢いのある方に投資家はついていく。

その心理的な動きを読んで参戦することで、利幅を確保できる。

ローソク足の一つ一つに、その意味を求めて、決断して、行動する。

そこにチャンスが生まれ、成果が上がるのだ。

ローソク足は、冷たい数値的なものではなく、その裏に、ドロドロの思惑が潜んで、売買の力関係が出来上がることを知ろう。

[4889 レナサイエンス　日足]

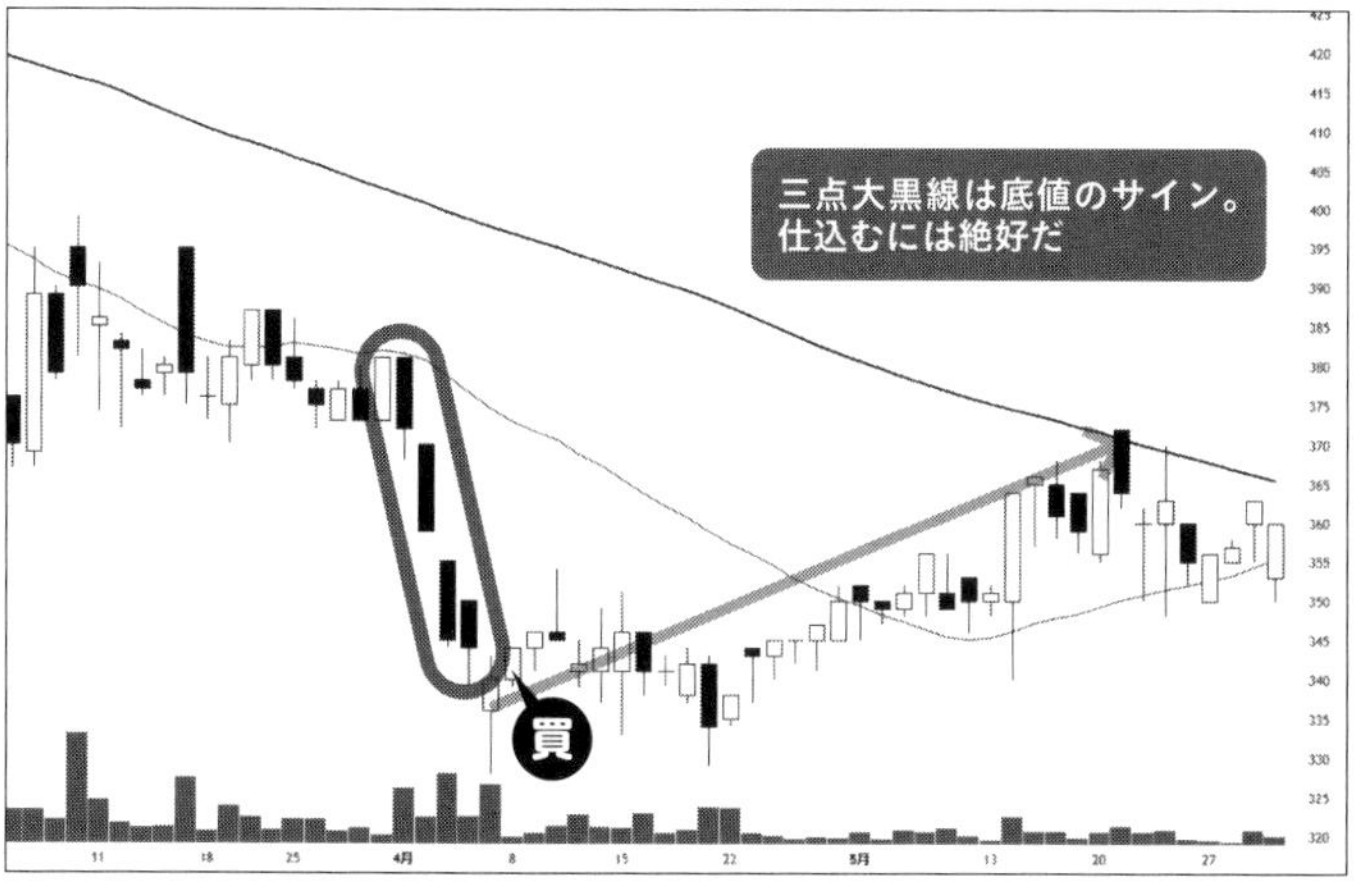
三点大黒線は底値のサイン。
仕込むには絶好だ
買

36 「下値持ち合い」からの急騰

株価が下値から上がる時の様相には、様々なものがある。

ここにあげたのは、「持ち合い放れ」からの上げである。

株価が下落して、しばらく不人気のままで、持ち合いを続けている時は、チャートは横横の動きになりがちだ。

下がる前に買っていた人は、「失敗したな」と放置するか、損切りをして「縁を切った」と考えていることだろう。

実はその姿勢が問題である。

下がって損をしたかもしれないが、株価は必ず、底を付けて反転、上昇の場面がある。

どの銘柄のローソク足を見ても、「上げたり下げたり」のリズムがある。

この動きをしっかり見るべきだ。

下げて、損をしても、その銘柄の「挙動」は見逃さない。この執念が必要である。

株式投資では、執念が勝敗を分ける。

私はどちらかと言えば淡白で、昔、損切りした銘柄の「その後」は、追いかけなかった。

ところが、投資で大きな成果を上げている「カリスマ」から、**「下げた後の株価は追いかけよ」**と聞いたので、それを実践し、おかげで株で儲ける確率が劇的に上がった。

誰もが見逃す「タイミング」。

勝ち組になる人は、したたかに、「勝つための法則」を実践しているのだ。

お目当ての銘柄の「天井、底値」は、しっかりと確認しておこう。

［ 1844 大盛工業　日足 ］

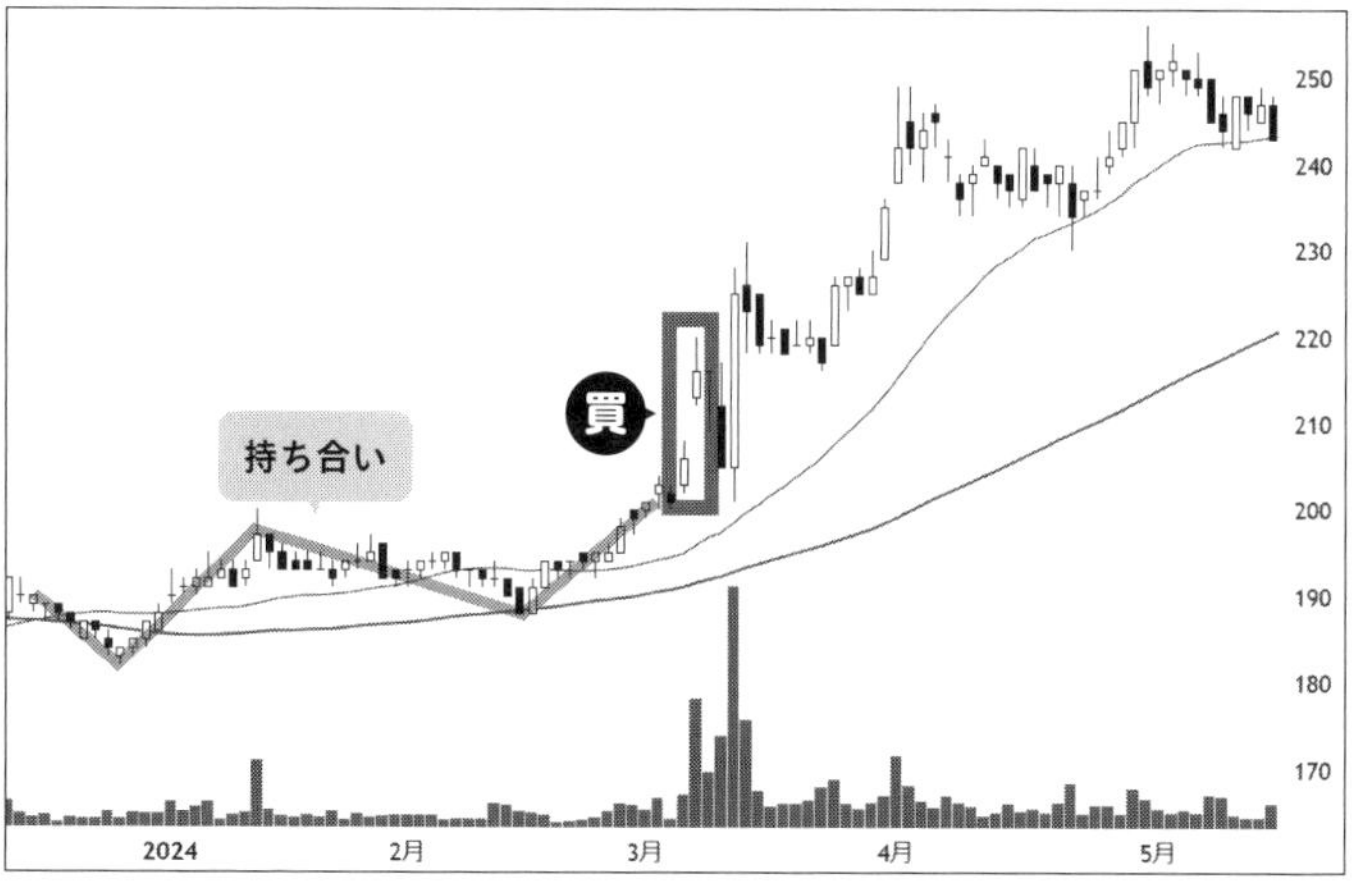

37 「三空」は集団での動きでも買いになる

「三空叩き込み」というものがある。**何度も窓を開けて急落する**形だ。

急落時に手出しは無用だが、底を付ければ、仕込み時となる。

実際のチャートは、まず型通りのものはなく、「もどき」がほとんどだ。

このチャートも、急落時に大きく窓を開けているわけではないので、完全な型通りではないが、「三空叩き込み」の形になっている。

陰線を続けて出しながら急落している中で、**大きな陽線が下値に出たため「安心の大底」**となり、そのまま反転へと向かっている。

これよりも下は「絶対にない」というべき足が出れば、買いは集まるのだ。

その銘柄に対する投資家心理、売買の力関係は、必ず足に出る。

下げている間は陰線だが、底を付けたからには下値に買いが入るので、陽線続きになっている。

売りが終わり、買い方向に傾いている証拠だ。

大底時に、「これは買いだ」とひらめいて買えているならば、その後は「含み益生活」になれる。

チャート上の一瞬、つまりはたった1日の出来事を察知できれば、有利な位置で株を買い、最安値近辺で仕込むことができる。

「絶対勝利」の売買、ローソク足の活用法である。

［ 3477 フォーライフ　日足 ］

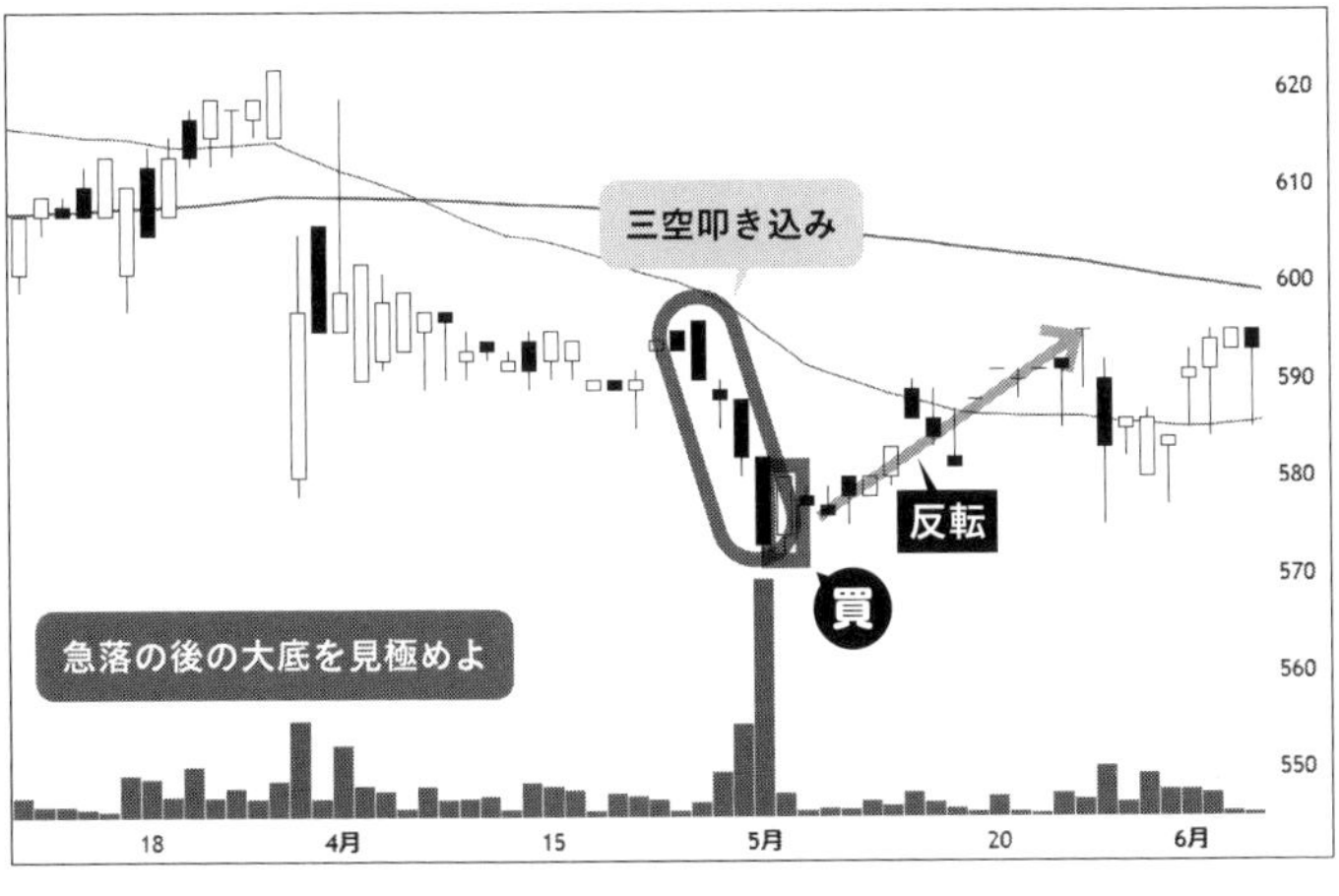

38 「ペナント」からの放れはチャンス

株価が下値持ち合いから、上に爆発する形に「ペナント放れ」がある。

ペナントというのは、株価が**膠着《こうちゃく》してどんどんローソク足が小さくなり、先細りの三角形を作る**ことを言うが、もちろん様々な形があり、変型もある。

基本は、株価は下値持ち合いの中で、その振幅が小さくなる。売り買いのせめぎ合いの中で、売買の力関係が拮抗してローソク足の幅が小さくなっているのだ。

いわゆる、「下値の迷い」である。

この形が出現すれば、その後には「トレンド変換」が起きる。

下に行くか、上に行くかだが、下値近辺のペナントでは、可能性として上げしかない。

持ち合いが煮詰まると、その後は爆発だ。

この銘柄では、まさに大陽線が出た。

もし持ち合い抜けの株価の動きに板情報で気付けば、その足に乗れる。

たった1日のトレードでも、相当稼げるだろう。

なにしろ、**陽の丸坊主**（ほとんど上ヒゲも下ヒゲもない陽線）である。どの局面でトレードしても、利幅が取れる。

その勢いで、翌日に持ち越しても、まだ株価の勢いがあり、窓を開けて上昇するだろう。

株価は勢いである。

それに乗って稼ぐ。利益確定を行う。

この繰り返しで「いわゆる億トレ」の現実性が見えてくるのである。

［1914 日本基礎技術　日足］

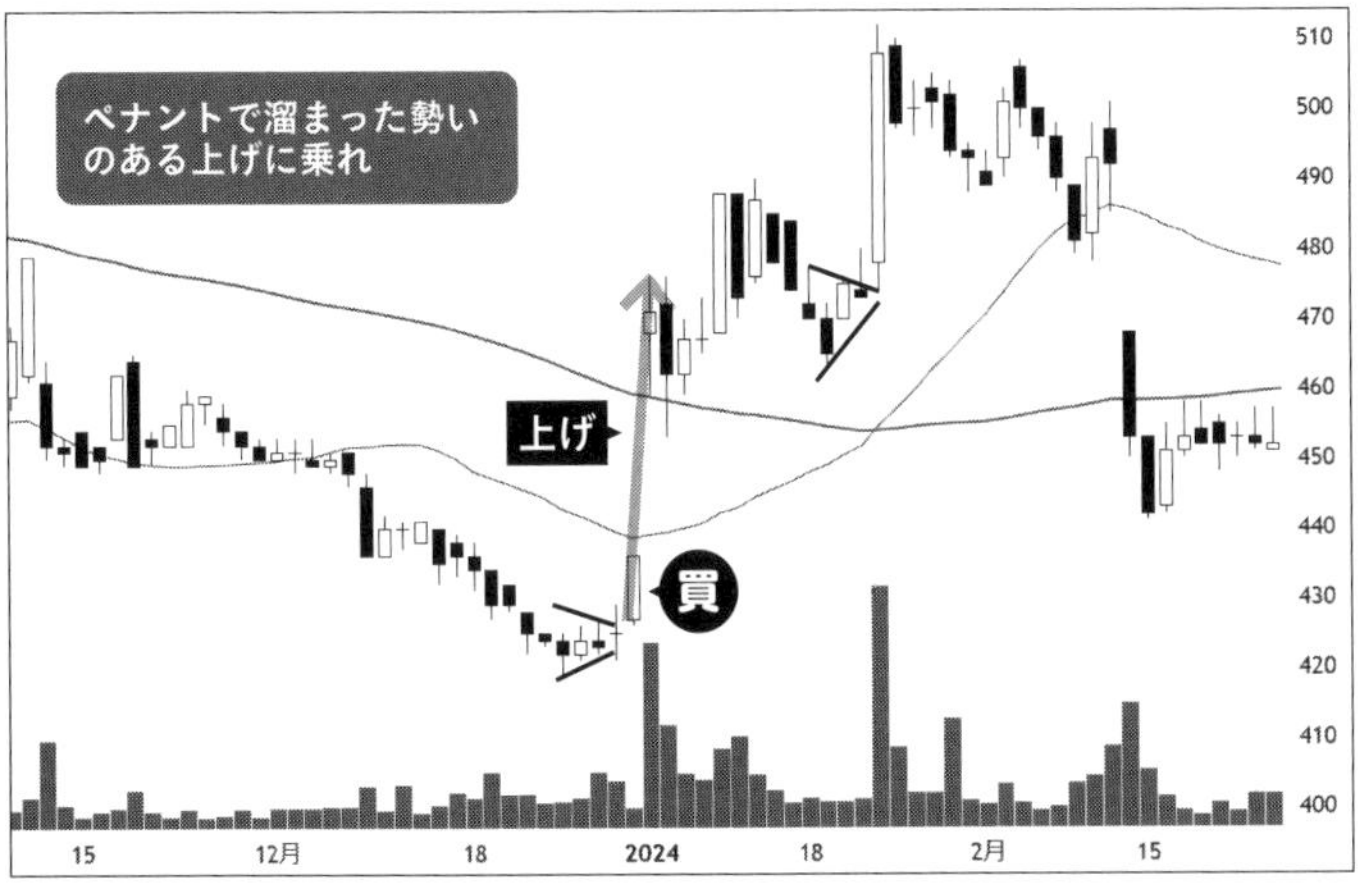

39 「フラッグ型」からの上げに注目

フラッグ型は、**旗のように一定の範囲で株価が上下する。**

底値近辺に出れば、「下値持ち合い」の代表的なローソク足の動きだと言える。

持ち合いなのは前項に似ているが、少し違う。

ペナントのように収束して三角形にはならず、四角い旗を維持しながら、下値持ち合いで小さな陰線や陽線が続き、だらだらと下げている。

これは株価の動きが、下値で**売買の力関係が釣り合っていて、「押し合い」**を行っているからだ。

ただ、やや売りの方が多いので、株価はわずかだが、ジリジリと下を向いていく。とはいえ、急激には下げず、上値も下値も少し下がりながら、最終のせめぎ合いになっている。

その後の注目点は、それまでの持ち合いを否定するかのような「大陽線」が出たタイミングだ。

こうなると、売り勢力の終わり、上げのみ。買いの絶好のタイミングのシグナルとなる。

この銘柄の反転のきっかけは、少しの窓開けの陽線だった。2日目は、大きな窓開けの大陽線。この動きでは、最初の窓開け陽線で乗りたい。できれば、大量に。

そうすることで、次なる大陽線での含み益拡大が可能になる。

いかにたくさんの「底値シグナル」を見分けられ、その動きに素早く対応できるかどうか。それが株式投資の勝負を分ける。

［9342 スマサポ　日足］

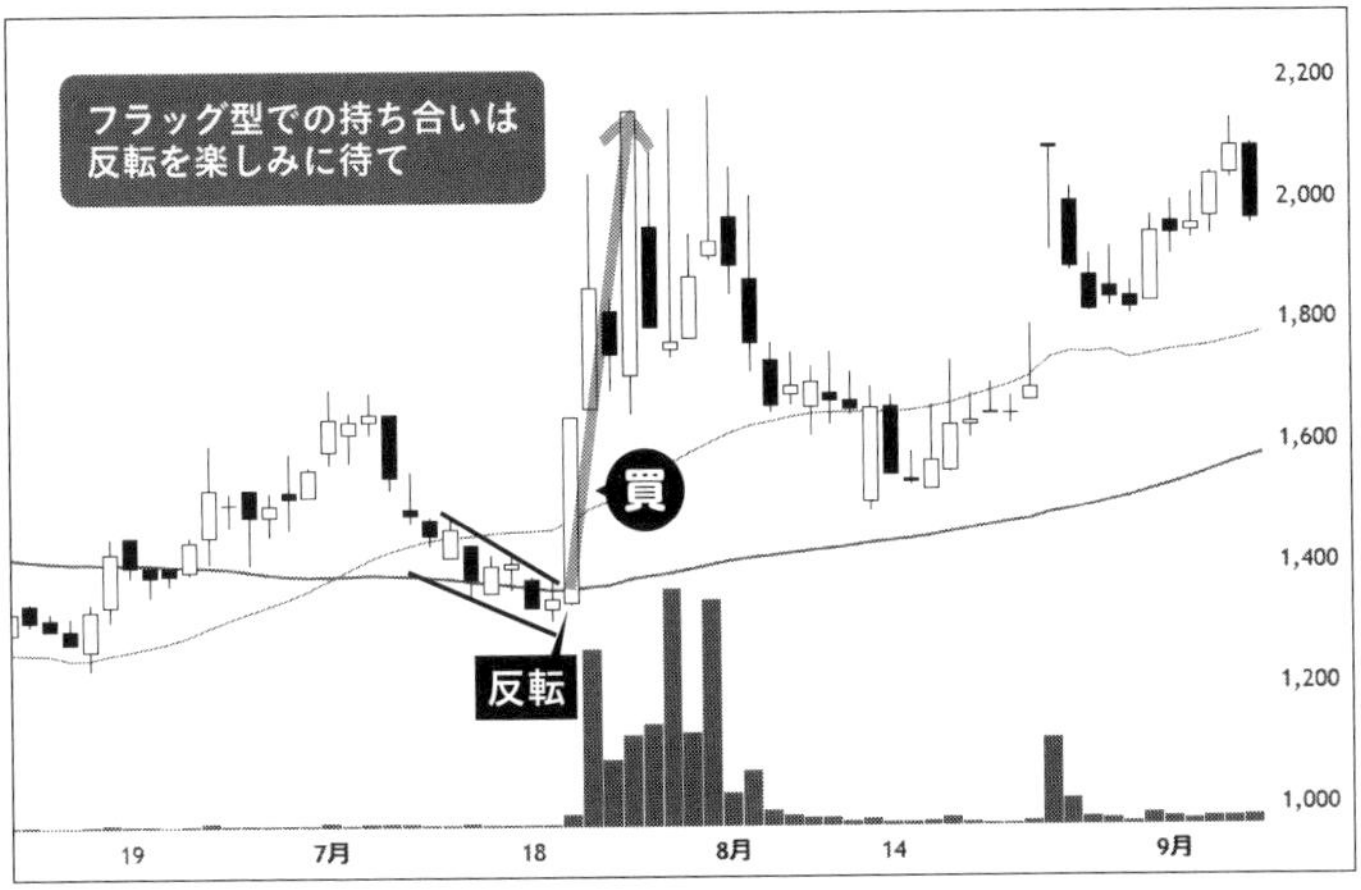

40 「長期の下値持ち合い」からの棒上げにつく

株価が長期にわたり、下値持ち合いになっていると、誰も見ない不人気銘柄となる。しかし、ある日突然「人気銘柄」と化すことがある。

全体相場が良くないのに、ストップ高を付ける小型材料銘柄はいくらでもある。

株価の初動を見逃さず手を打てれば、取引の精度が変わるのだ。

たとえば、急騰の前に、2本の少し長めの陽線が出ていれば、これは**仕手筋が「仕込み」を行った形跡**と考えられる。

その時点では誰もわからないが、株価が動いた時に、その前の日足を見て、「そうだったのか」と感じられるくらいの眼を養っておきたい。

それが、ローソク足を活用して、儲かる銘柄を見付けるコツになる。

その兆しにあなたは気付けるだろうか。

Chart

鬼77則

Part 5

利益確定で逃げる売り時

トレードで成功するためには基本的な三つの要件がある。銘柄の効率的な選択方法、リスク管理、そしてそれらを忠実に行う自己規律である。

——ウイリアム・オニール

41 「放れ大陰線」が出れば限界

株価が天井を付けて落ちてくるローソク足の並び方にも、様々なものがある。

トレードでは、それを頭に叩き込んで、しっかり上げたところで利益確定することが勝率アップのカギである。

ここにあげた銘柄の動きは、下値から持ち合い抜けをして、窓開けで上げたところで大きく値が飛び、寄り付き高値で、その後に売られて、大陰線となった。

一見、窓開けの動きは強そうに見えるが、それが間違いのもと。**大陰線になった時点で、仕込んだ手持ちの銘柄はその陰線のうちに逃げなければならない。**

寄り天（寄り付きが高く、そこから下げる状態）になった時点で「売り逃げ」を考えるべきである。

さもないと、だらだらの下げになり、含み益がなくなるどころか、含み損になりかねない。

注目すべきは、出来高だ。急増が1回しかなく、地道に人気化しないで、材料優先、噂優先で盛り上がっていたことがわかる。

また取引時には、前日までの日足チャートの形や値と絡めて、5分足チャートを見てほしい。日足のローソク足が描かれるのは1日の取引後。しかし大陰線が形成されつつあることを頭に描けると、勝率が高まるだろう。

こうした動きは小型の銘柄に多いので、小型を好む個人投資家は用心しなければならない。急激に上げた後には、急落のリスクがあるのだ。

[6312 フロイント産業　日足]

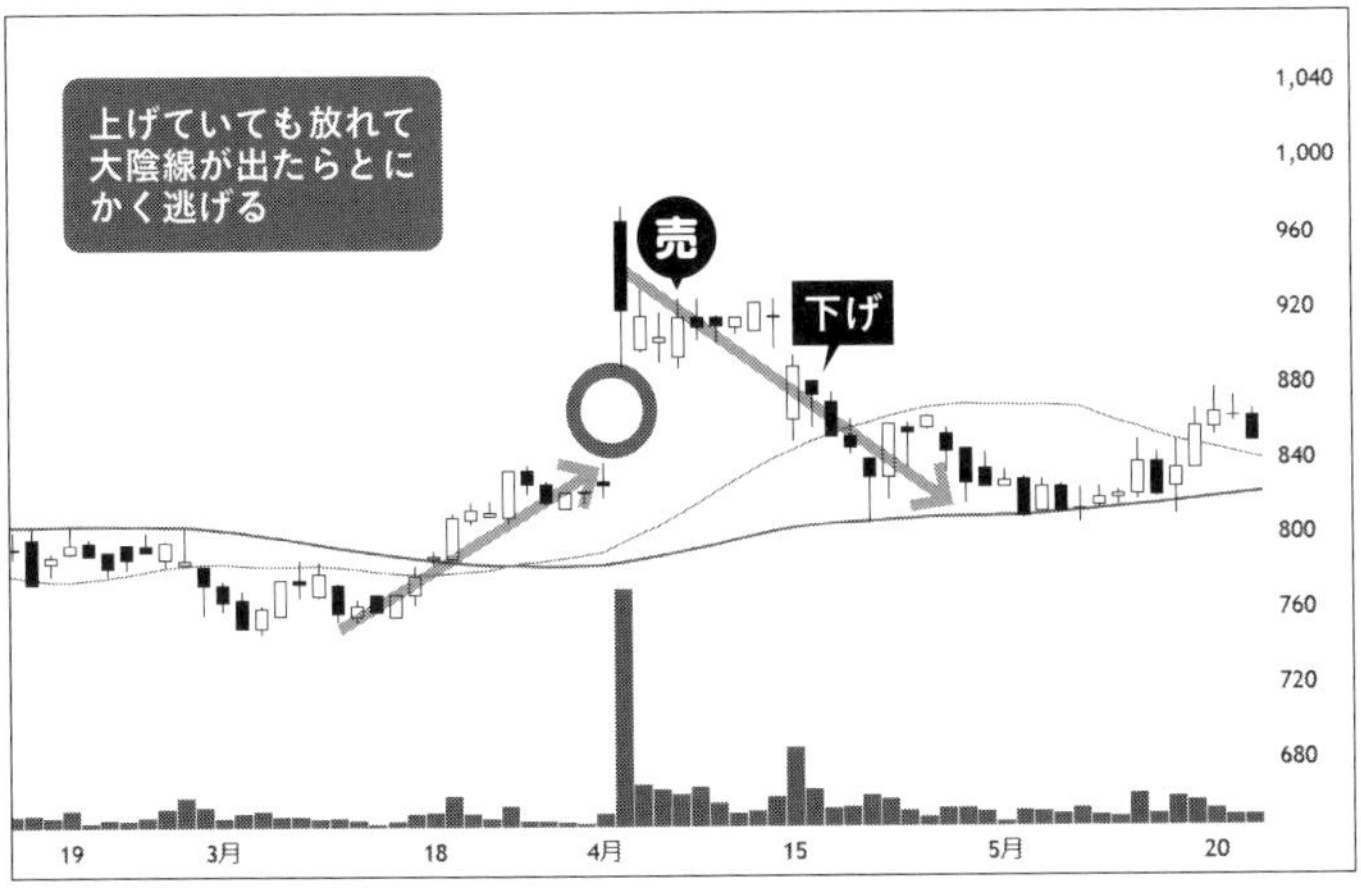

42 「坊主頭型」のなだらかな天井を見極める

下値から徐々に上げてきた株価も、いつかは天井を付ける。

大きく上げたり、小さく上げたり、時には陰線で足踏みしながら、ゆっくり上げていく。

急騰・急落がなく、割合に地道な上げ方をする銘柄は、安心できる。

急に上げないので、イライラするかもしれないが、じっくりと上げを楽しみたい。

その代わり、この形の銘柄の癖として、**下げる時も、ジワリジワリとなりやすい**。

この手のローソク足の集合には、**シグナルらしい特徴はない**。

かろうじて言えるのは、**上げの時は陽線が多く、陰線が少ない**ことぐらいか。

下げる時は逆で、陰線が多い。

この傾向が出てきたならば、「また戻すだろう」などと希望的な観測を抱かないことだ。

傾向に気付いた時点で利益確定しよう。

陰線が多く長い。

陽線が短く細かい。

このリズムは、買っても買っても含み損になる。

特に高値でつかんでしまった人が「ナンピン買い下がり」を行っても、含み損が拡大するばかりで、ついには資金が枯渇して、ギブアップとなる。

ナンピンは、失敗に終わる例が多いので、ご用心である。

もしこの形の天井を付けて、含み損が発生した時は、「天井圏で買ってしまった」と判断して、サッサと損切撤退するのが得策である。

[3902 メディカル・データ・ビジョン　日足]

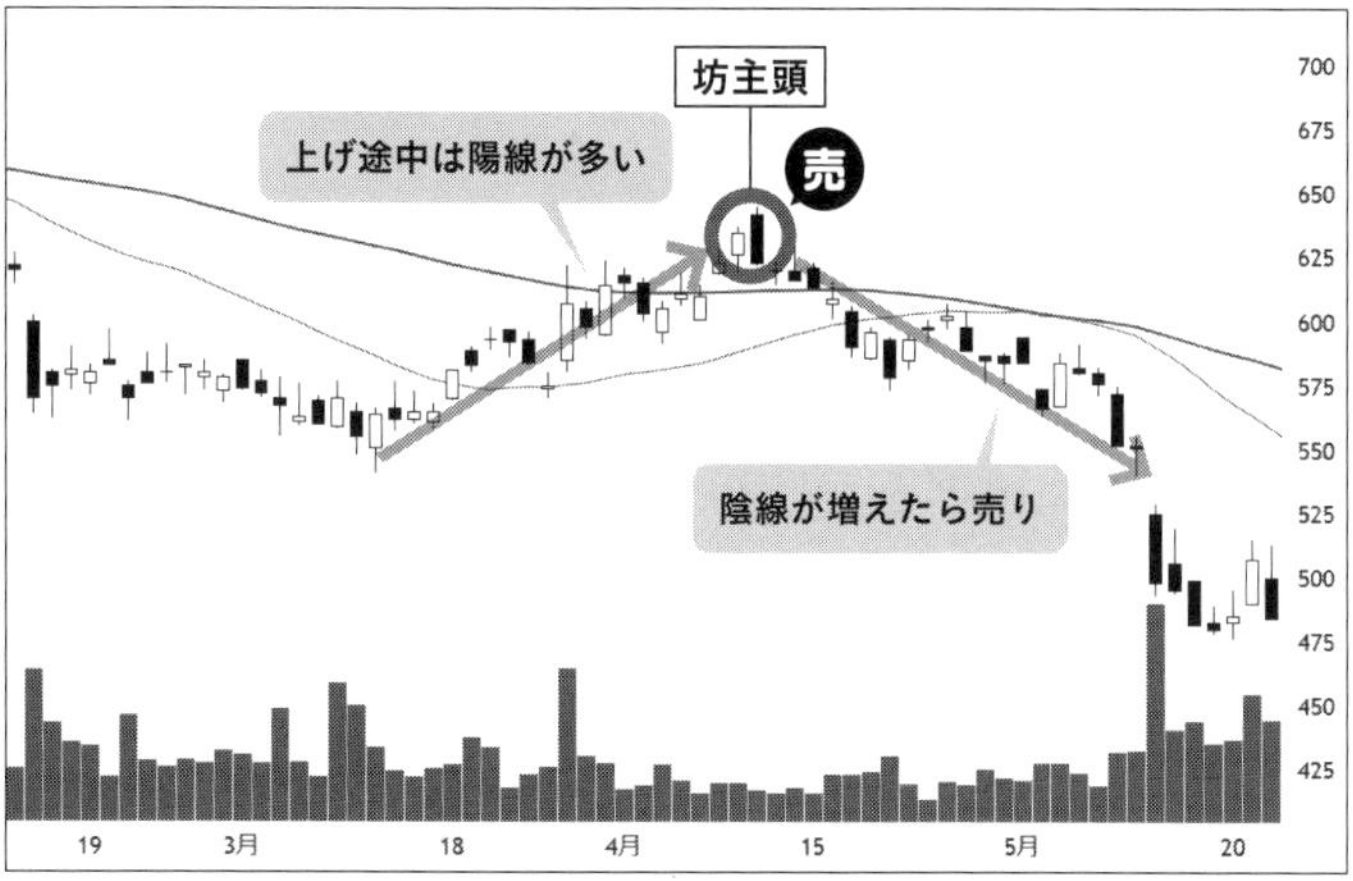

43 上げの後の長い「上ヒゲ陰線」は限界だ

上ヒゲというのは、株価に対する「力関係」を明確に表している。

株価がじわじわでも、急激であっても、**長〜い上ヒゲが出たら、要注意**である。

人気が出てきて高く買われたものの、上値では手じまいの売りが待ち構えていて、一気に売られてしまった。

残念な足である。

中でも**「上ヒゲ陰線」は、極めて典型的な「弱いローソク足」の代表**である。

人気化して買われて、上に行ったが、利益確定する人が多く、売りに押し戻されてしまった。始値よりも終値の方が安くなった。

しかも、ヒゲがあるように、すっ飛び高値にまで買われたが、その後には急落して、前の日やその前の日の株価よりも安くなってしまった。

この株価の動きは、明らかな**「天井のシグナル」**である。

利益が出ている人も、もちろん含み損の人も、逃げなくてはならない。

上ヒゲ陰線がいかにすごい「売りシグナル」であるかは、その次の足が大きく窓開けで下に放れて出ていることからもわかる。

この足が上値に出れば、強烈な上値、**撤退のシグナル**であり、甘く見たら大失敗する。

危険なので、絶対に覚えておきたい、「撤退」のシグナル。

または、信用取引をする人には絶好の「売り建て」のシグナルともなるのだ。

[2743 ピクセルカンパニーズ　日足]

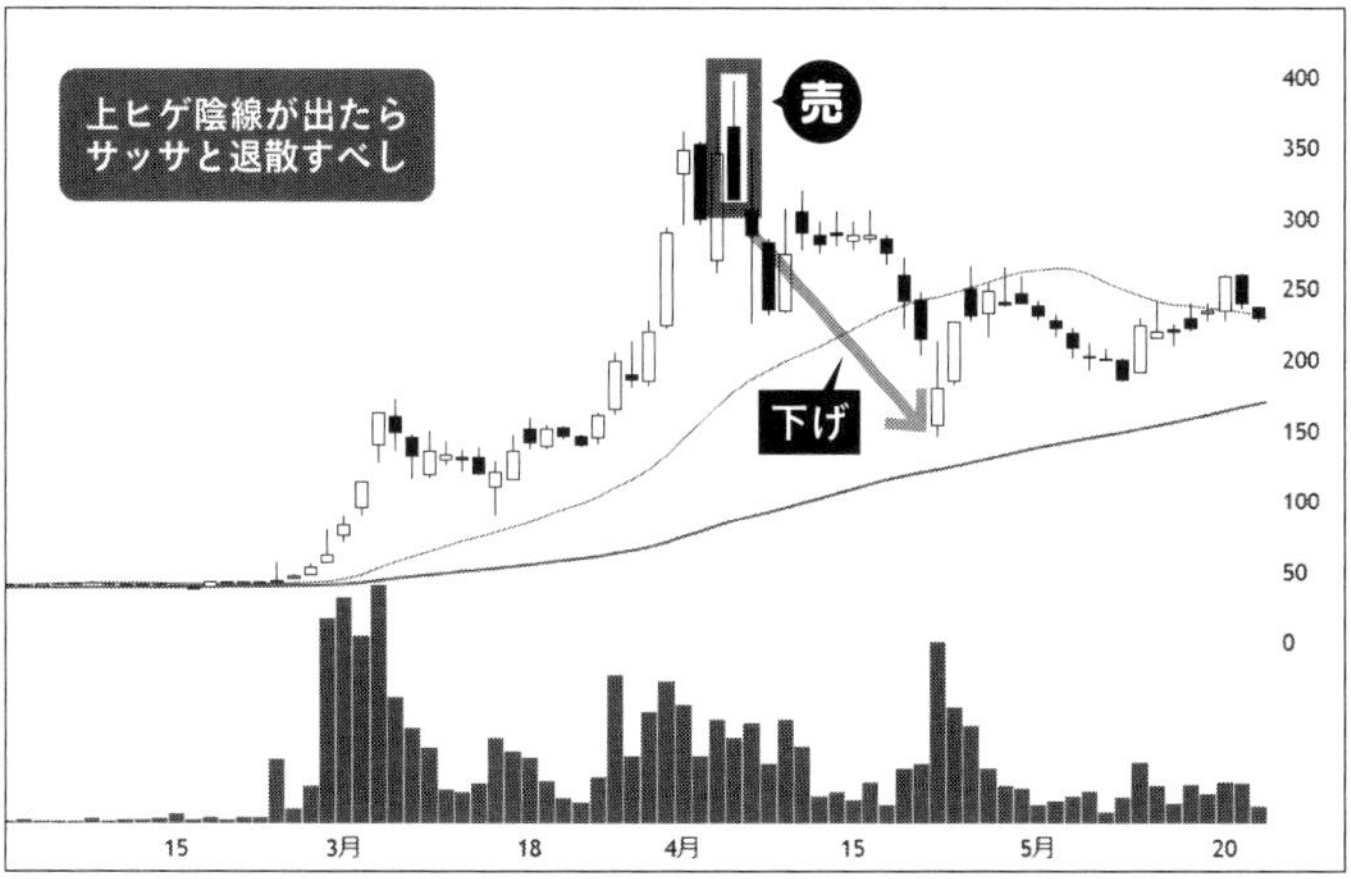

44 「窓開けの陰線」続きの下落は逃げろ

株の売買タイミングは日足での陰線と、陽線の表示で判断できる。

陽線が多い時は上げの勢いが強いことがわかる。

それに対して、**陰線が多ければ、株価は下落傾向**になる。

株価に上昇傾向がある時は、陰線は交じるものの、断然、陽線が多い。

上げの途中では、買いが勝るので、売りは弱い。

しかし、いったん高値を付けると、今度は利益確定の動きが強くなり、陰線が増え、株価は下落方向に向いていく。

これは個別の株価の需給の関係もあるが、ほとんどの銘柄に当てはまる動きである。

投資で心しなければならないのは、上げの方向から、下落の方向にトレンドが変わった時に、素早く利益確定するか、損切りをして、傷を浅くすることだ。

株式投資で大切なのは、「損を少なくする」ことである。

株式投資は、「ハイリスク・ハイリターン」であり、良いことづくめではない。

いかにリスク管理をするかが、大切なトレードの技術になる。

ここにあるように、株価の方向は、「**下を向き始めたら、問答無用の売り**」になることを心得ておきたい。

上げている時は、窓開けの陽線が出るが、下げの時は、窓開けの陰線となり、全く逆の動きになる。心したい。

［6996 ニチコン　日足］

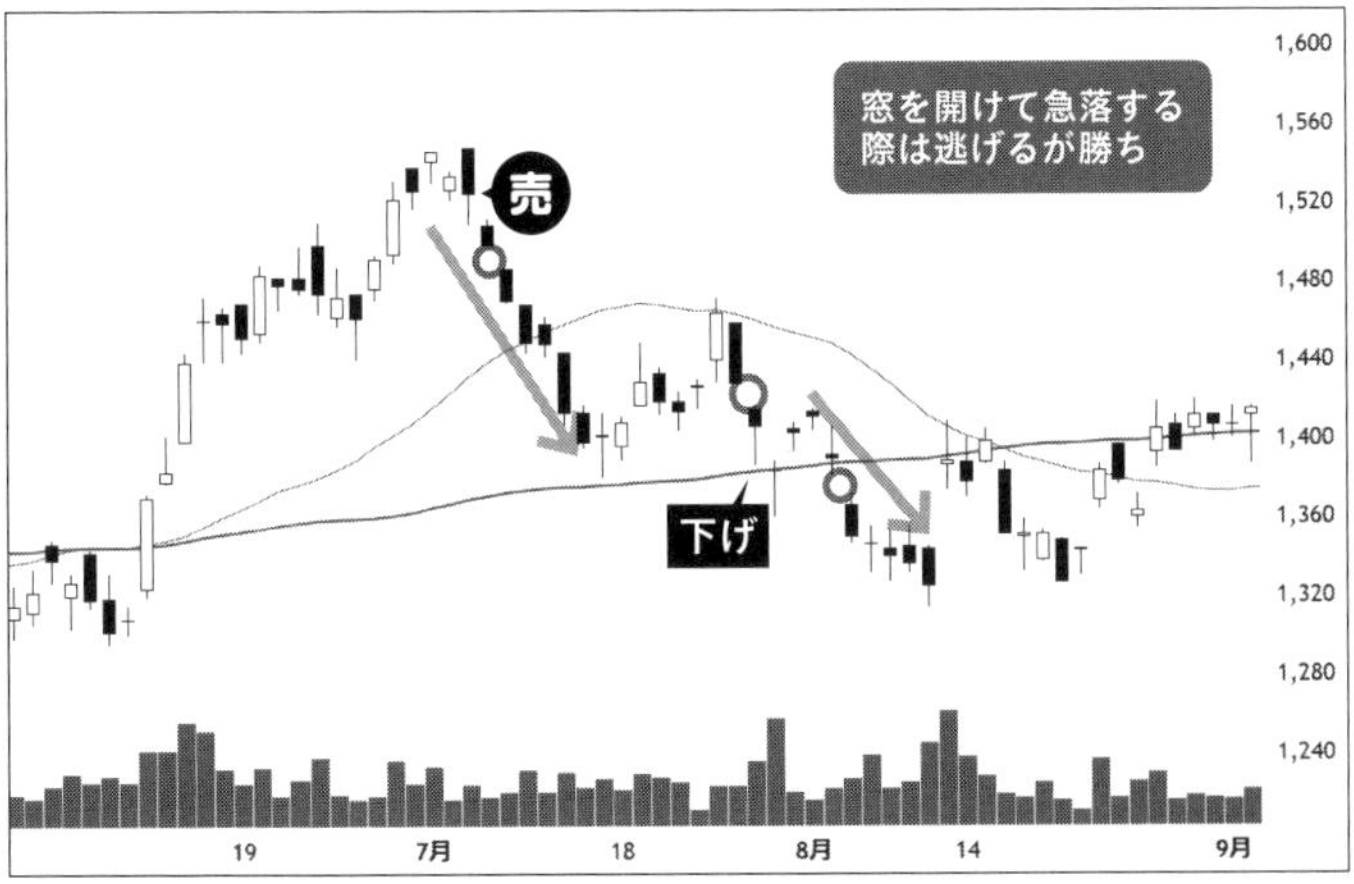

45

「宵の明星」で上値限界が鮮明になる

「宵の明星」というのは、大阪の米相場の時代から伝えられる、「酒田五法」と言われるローソク足の読み方の典型的なものである。

株価が次第に高くなり、窓開けで上げていくが、上値に飛んだ後に、今度はいきなりの陰線が出て、**高値に「星」が置いてきぼりを食う**ような形になる。

このローソク足の組み合わせが出た時は、**明確な上値限界**と見てよい。**利益確定を行うか、損切りをする**タイミングだ。

これほどはっきりしたものはないので、「逃げ時」を頭に叩き込んでおきたい。

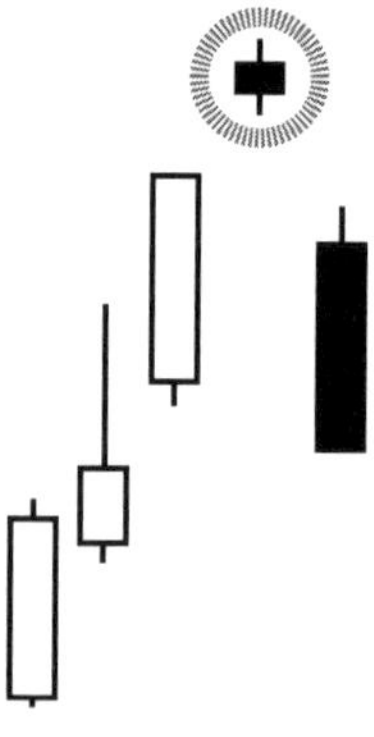

株式投資で一番良くないのは、損失の拡大である。上値限界になる銘柄を間違ってつかんだ際には、素早く逃げることだ。

この習慣をしっかり持ってトレードできれば、失敗を引きずることなく、次のチャンスを確実にものにできる。

ローソク足の形は、その相場に参加する人たちの相場観の総和であり、その需給が株価の変動となる。

これは「相場は相場に聞け」ということわざがあるように、抗うことができない。

ローソク足をうまく活用して、投資の収益を積み上げるためには、トレンドを確実に読み取っていくことが肝心だ。

[8035 東京エレクトロン　日足]

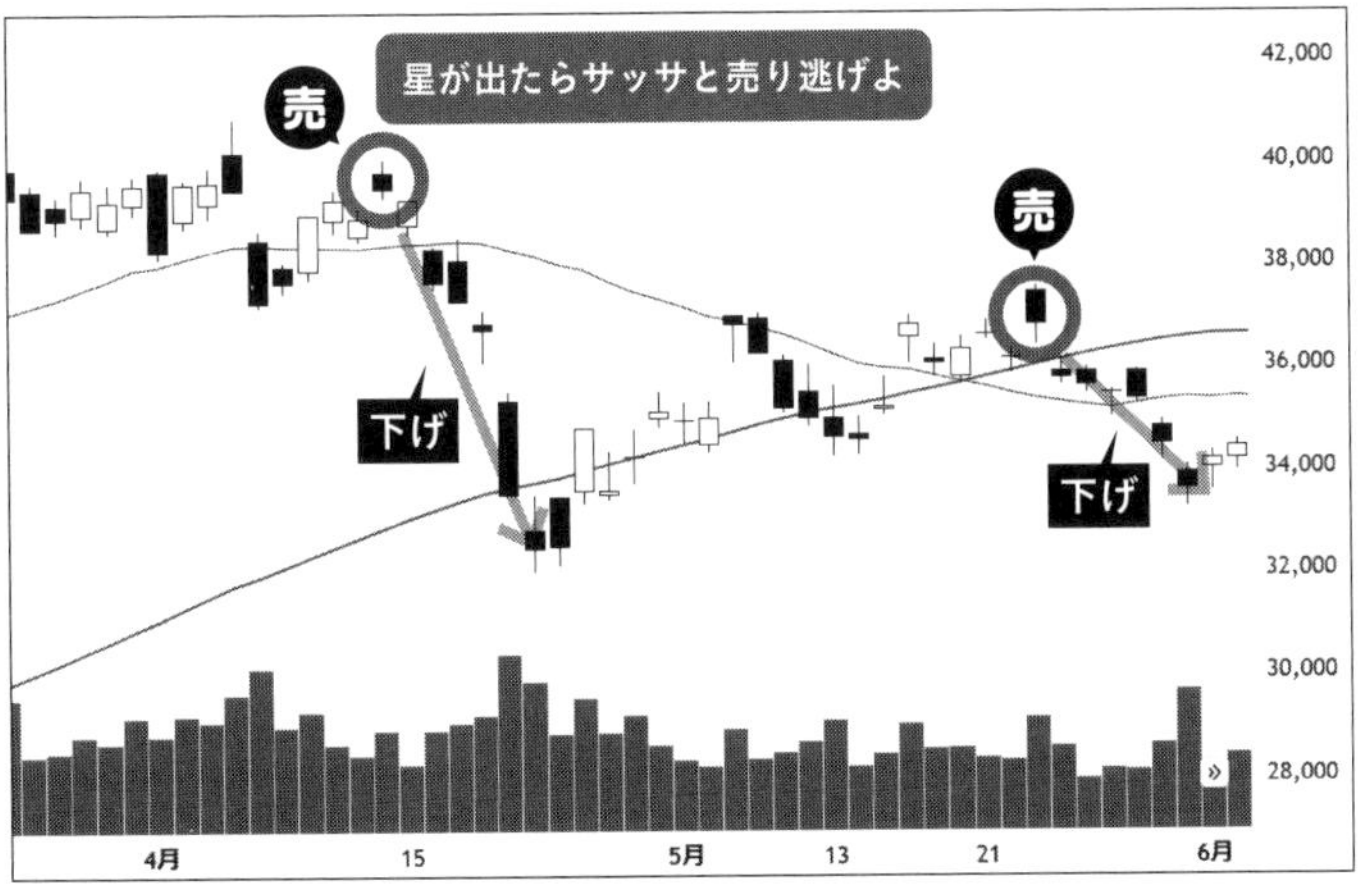

46 「ダブル天井」後の下げには注意

ダブル天井のシグナルは、アメリカから来た考え方だ。これは、目先よりも、長期の投資向けの見方と言える。ここにあげたダブル天井は、割合に期間を長く見ているが、もう少し短期のシグナルもある。**2回も高値に挑戦したが、上値で跳ね返されると、そこは明らかに「上値限界」**となるので、**利益確定して手じまう**のが、確率的にいいのだ。

ローソク足をはじめとするテクニカル手法は、「株価はどちらに向かうか」を判断するのに有効な手段だが、１００％確かなものではない。可能性、確率としてどうかの問題なので、うまく活用して投資の成果を上げたいものである。

株価の先行きは、誰にも確実にはわからない。

しかし、先人の経験則を下敷きにして、目の前の相場を的確に読める確率が上がるならば、使わなければ損というものだ。

その意味で、2回高値に挑戦したが、それ以上の高値は無理というわけである。

これは投資家のほとんどが知っている経験則なので、「この場合はこうなるだろう」との見立てで相場に挑むため、結果的に経験則が相場に大きな影響を与える。

大切なお金を投じるのだから、可能性の高いところに、リスクを承知で投じてリターンを得る。

これが成功する賢いやり方だ。

[4755 楽天グループ　日足]

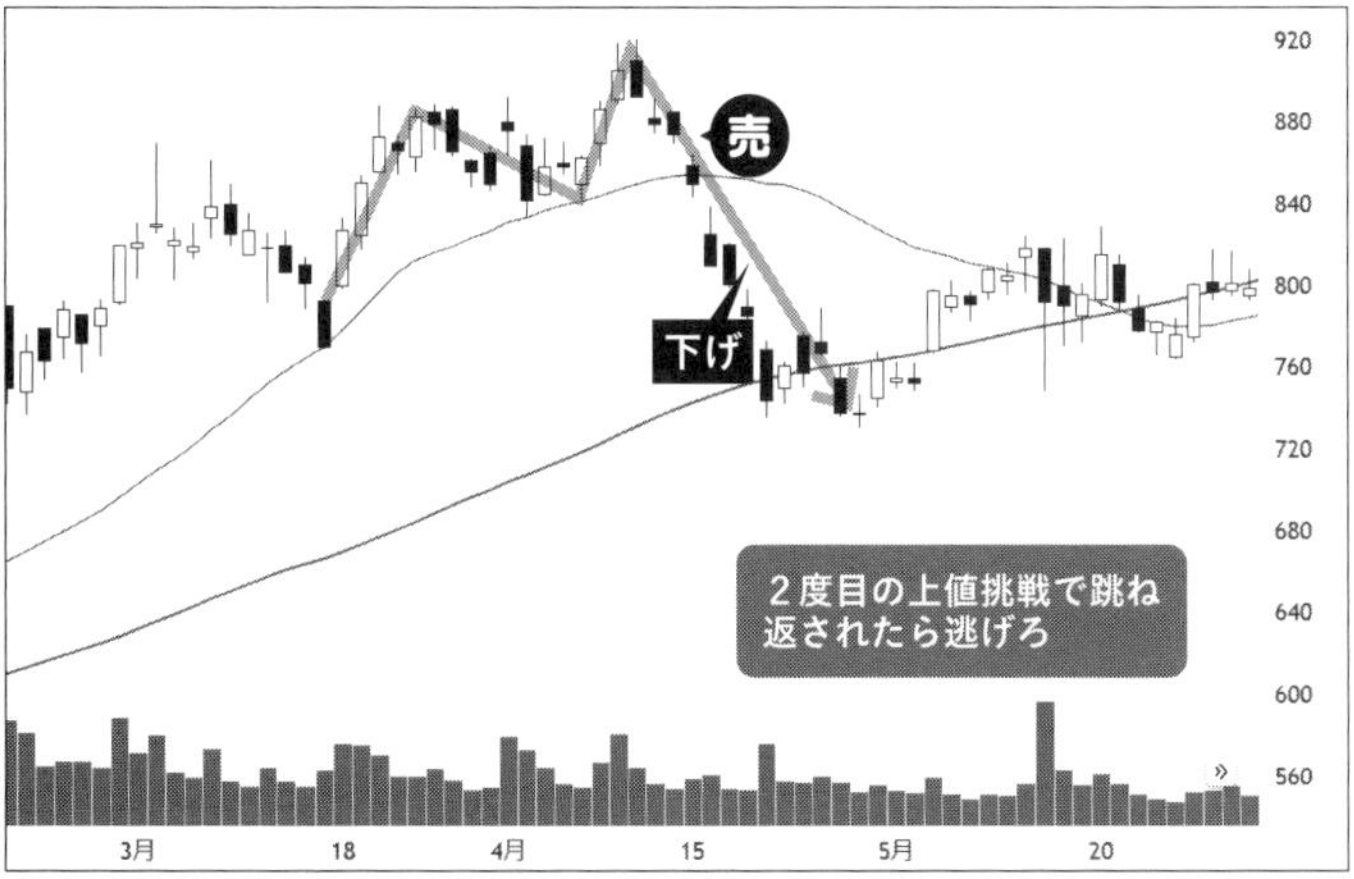

47 大陽線の後の「連続陰線」は上値限界

急激な上げの後に注意が必要な足である。

株価が勢い良く上げてくると、「我も我も」と買いが湧いてきて、出来高も増える。

これは、誰も止めることができない投資の行動である。

それが株価に勢いをつけ、上げを加速する。

しかし、そのような時こそ、慎重さが大切である。

株価の勢いはいつまでも続くわけではない。皆がそのように考えてトレードしているので、少しのバランスの狂いで暗転しかねない。

大切なシグナルは、**大陽線の後に出てきた小さな陰線**である。

ここにあげるチャートでも、陽線の後に陰線が出ている。

これを見た投資家は、「下がるな」と感じるので、「利益確定の売り」が多くなる。

これまで、強気一辺倒で買いを入れていた投資家が買うのをやめる。買いを止めて売りに回る。この傾向が強くなると、株価は下落に向かう。

結果的に、株価は凋落する。

買いが買いを呼ぶ傾向から、売りが売りを呼ぶ傾向になってくる。

こうなるので、信用の売りはチャンスだが、買いは手持ちの銘柄を手放す方が賢明だ。

投資は逃げ時を間違うと、結果はうまくいかない。

儲けは大きく、損はできるだけ小さくする投資の方法が、「負けない投資」の鉄則である。

［9278 ブックオフグループホールディングス　日足］

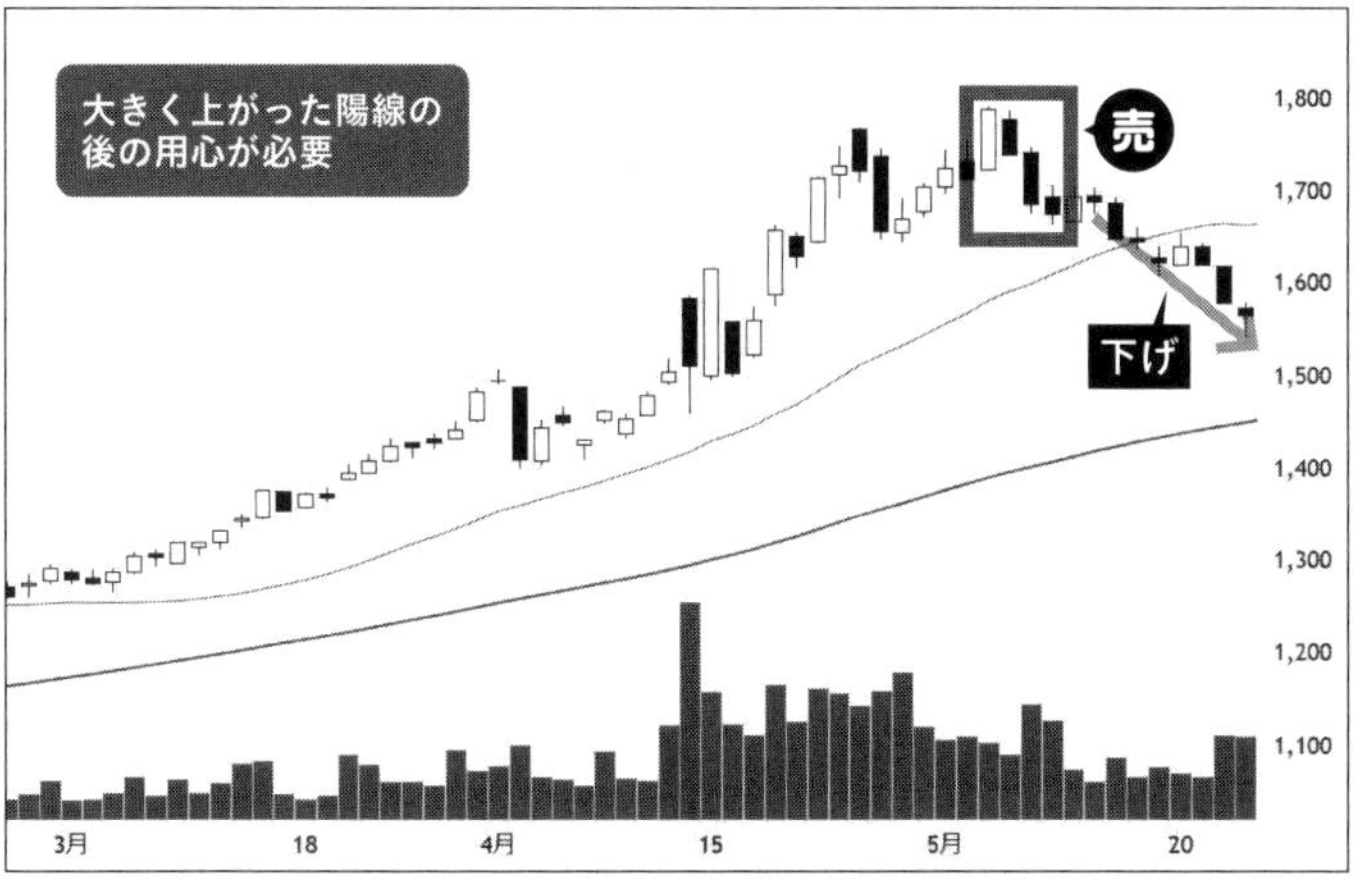

48 上放れ上ヒゲ陽線の後に「陰のはらみ線」

上値で窓を開けた上ヒゲ陽線が出ると、市場に「**高値意識**」が漂うことに注意が必要になる。

高値圏でいきなりの窓開け陽線となれば、**次には「窓埋め」**（窓が開く前の高値まで株価が戻ってくること）が意識されてくるのは、仕方のないことだ。

銘柄を持っている投資家は、一種の「高所恐怖症」に襲われるものだ。

その心理状況が表れるのは、次の日の陰線である。

前日の株価と比べて安寄りして、さらに、株価は下げる。

こうなると、「**陰のはらみ線**」となり、弱い足になる。

前の日の陽線とこの陰線を合わせれば、極めて明確な株価の天井圏のシグナルの「首つり線」に近くなる。

ローソク足は、1日だけではなく、2日すなわち2本の線を組み合わせることで、明確に形の特徴が見えてくる。

結果的に、首つり線となるので、その後の株価は下落傾向になるのだ。

この需給関係の流れをしっかり読んでトレードすれば、株価の方向性を極めて高い確率で読んでいけるので、成功の確率が大きくなる。

株で大切なのは、利益確定のタイミングである。いかに含み益が多かろうとも、それは「絵に描いた餅」。高値を読み切り、確実に利益確定をしたい。

[1605 INPEX　4時間足]

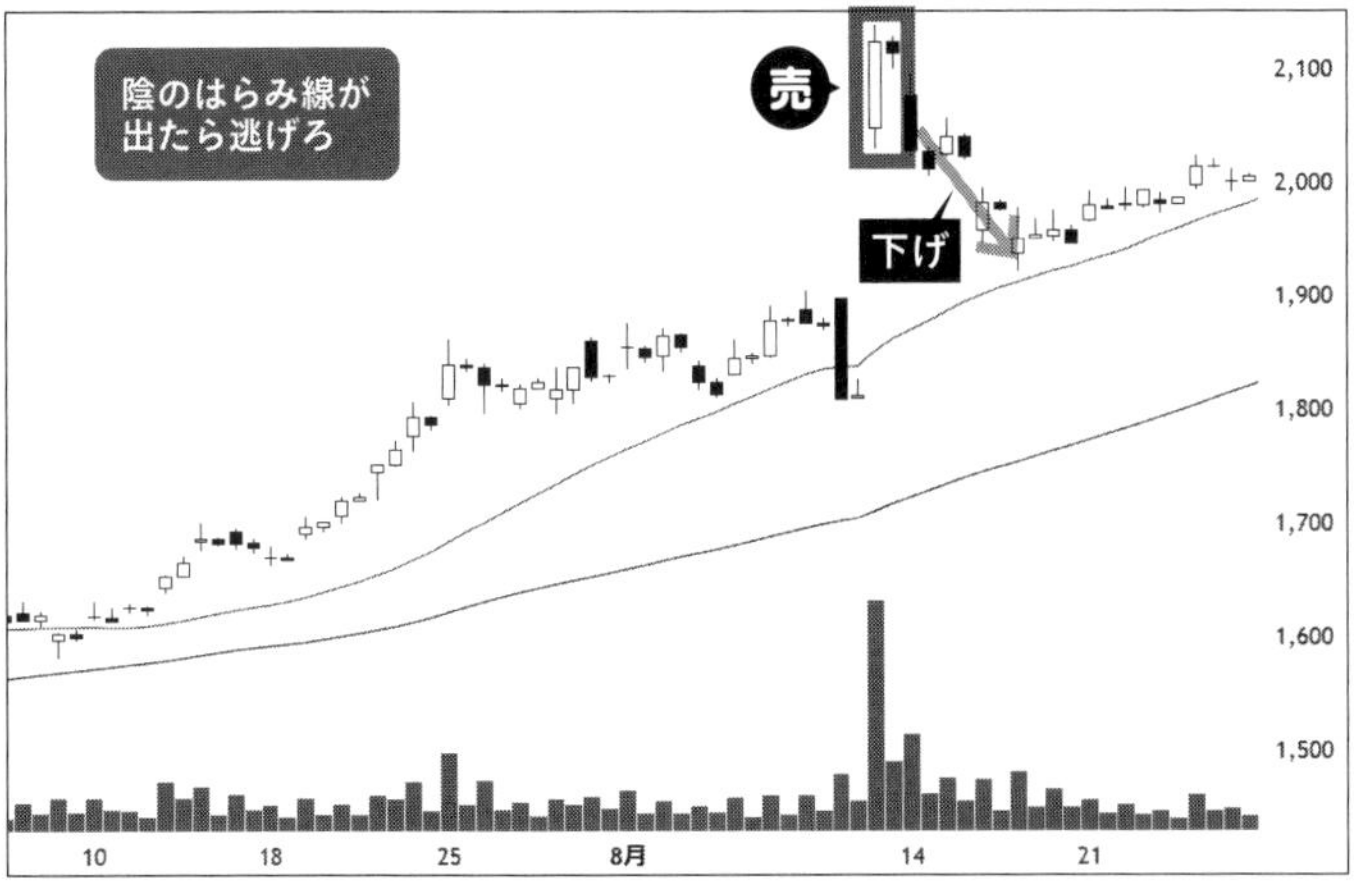

49 「持ち合い抜けからの下落」は即売りだ

ローソク足の動きから、その先の株価の傾向が読める。

ここにあげた「持ち合い抜け」は、株価が同じ価格帯で往復した後に、上に行くか下に行くかでその後のトレンドが変わる。

特に、上値での持ち合いは、その後にさらに上に行くのか、それとも天井圏に終わるのかの見極めが大事になる。**持ち合いの後に、大きな陰線が出れば、そこは素早く逃げなければならない。**

皆がその足を見て「売りだ」と考えるので、ここで利益確定ないしは損切りを行わないと、大変なマイナスを出してしまう。

ところで、目先の商いをしていたのに、このような下落に遭遇して「そのうち戻るだろう」と踏んで、含み損を抱えながら長期投資に転換する人がいる。

これは避けたい。

投資スタイルがデイトレやスイングなのに、天井圏の銘柄をつかんで逃げ切れず、長期に切り替えても、ストレスを抱えることになるだけだ。

そのような取引をしていると、次から次へと、「失敗玉」を抱えることになる。資金が寝てしまうし、精神的に面白くない投資になる。良いことは一つもない。

含み損を抱えて投資をするよりは、さっぱりとお別れして、再起を期すことが望ましい。

どのような銘柄でも、必ず下落はある。自分の目算と違えば、即刻、見切りをつけて、次の銘柄やチャンスに懸けることだ。

［7613 シークス　日足］

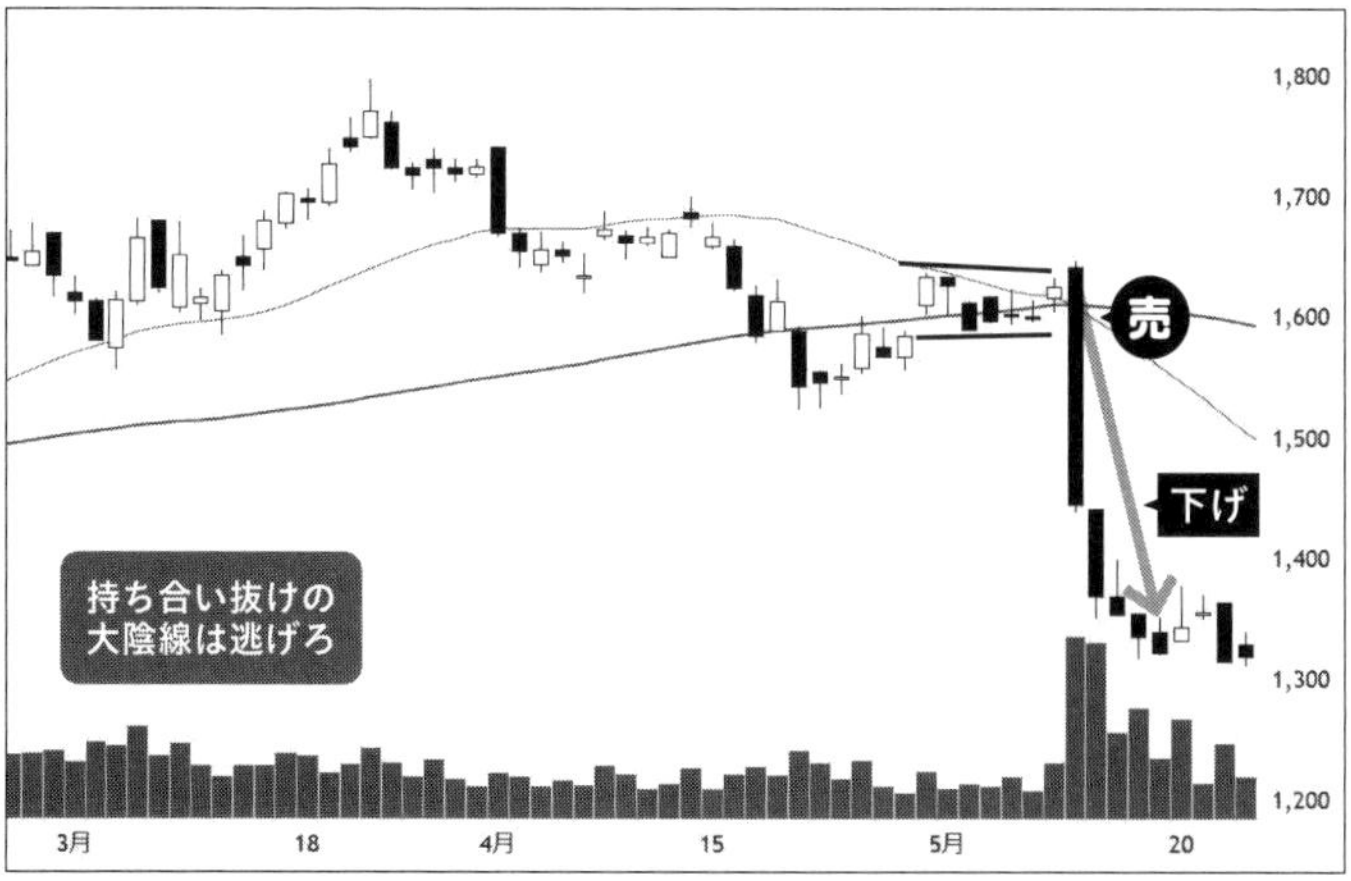

50 上放れの後の「窓開け陰線」は売り

急騰に急騰を繰り返した後に、落とし穴が待っている。

特に新興市場は、個人投資家の夢と欲が集まる市場。

値動きが激しく、リスクも大きいが、値幅が大きいのでそのパフォーマンスに魅力を感じ、人が集まる。

さらに、強烈な材料があれば、「10バガー」（10倍株）への夢が膨らみやすい。

しかし、株価は上がれば上がるほど、リスクは最大に近づくことを知るべきである。

いかに素晴らしい材料があっても、株価は需給。

「そろそろだ」と考えて、売りを出す人が多くなれば、株価はこれまでの「イケイケ」から、売りの殺到になる。

資本金の小さな新興の銘柄は少しのバランスの崩れで大きく下がりやすい。

この銘柄は、急騰の後に迷いの上値持ち合いの陽線が出て、そして急落が来た。

この**窓開けの陰線が出始めたら、一刻の猶予もなく手じまう**ことが、含み損を避け、含み益を失わないトレードの鉄則だ。

株価はその後も反発することなく、売りが売りを呼んで、今までの急騰が嘘のように、反転、下落の一途となる。

怖い足である。

このような銘柄は、板を常時見られる人でないと、近寄ってはいけない。

ボラの大き過ぎる、日中すぐに動けない人は近づいてはいけない銘柄と言える。

[2158 FRONTEO　日足]

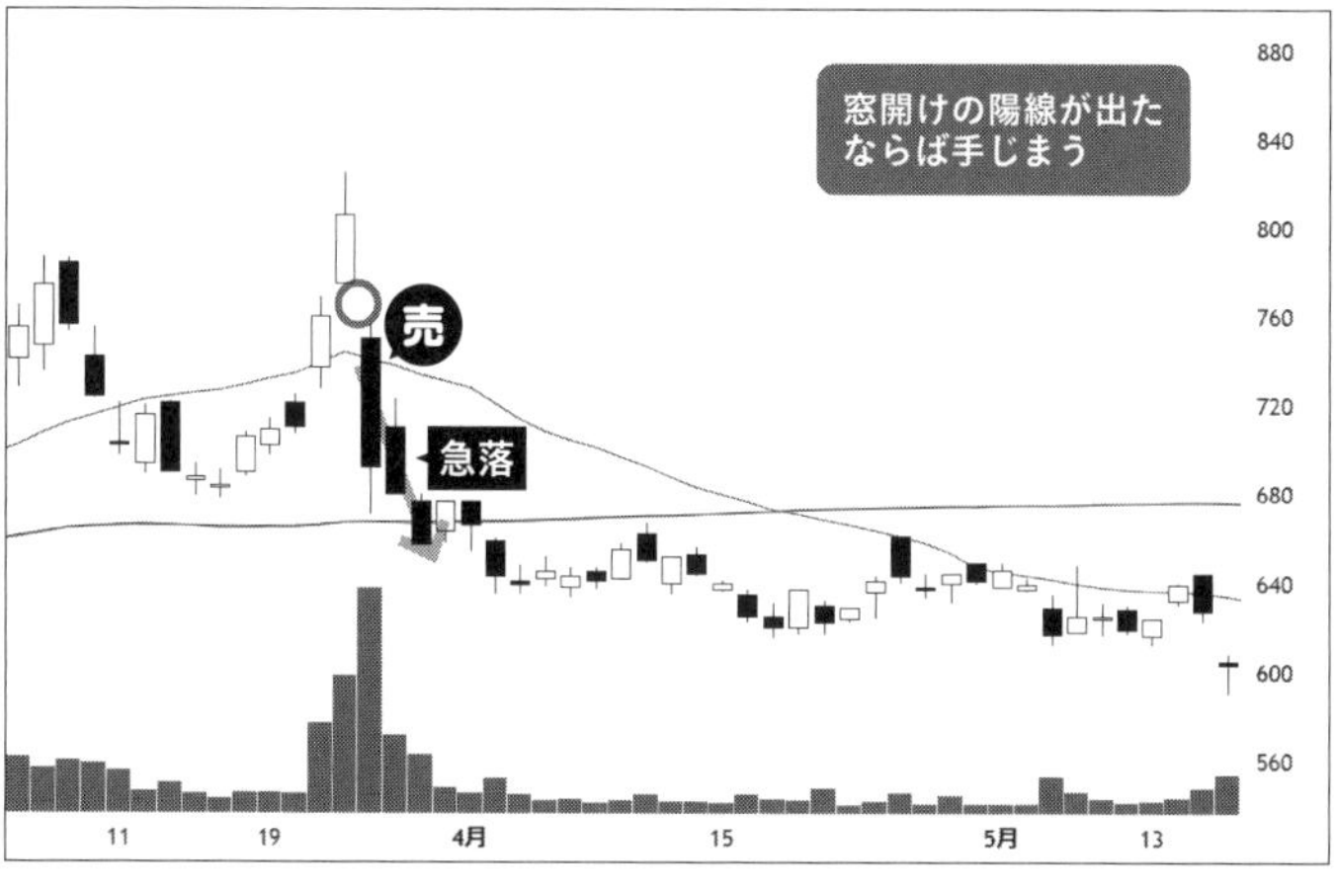

51 上げの後の「陽のはらみ線」は限界になる

出来高を伴った上げでも、**最後の足が、前の日の急騰の足の範囲にとどまれば、「上値限界」**と見られる。

このチャートでは、大きく上げた前日の大陽線に対して、その株価の範囲に収まる小さな陽線が出た。

つまり前の日の終値よりも安く始まり、少し戻したが、大した値動きにならず、わずかに高く終わったということになる。

それは高値圏での利益確定の売りが多くなったことを示している。

上値限界のシグナルの一つだ。

それを察知したか、翌日からはさらなる上値を追うことはなく、陰陽を交えて、だらだらの下降トレンドになっている。

勢い良く上げてきた株価の勢いは終わり、利益確定の傾向が続いているので、ここから買っても、再び上値をとるのは難しい。**急激な上げにつられて買うと、下降トレンドに向かう下落に遭遇する**典型的な足である。

急激な上げは、急激な下げか、だらだらの下げに出会うことになる。なぜならば、慌てて買った人の損切りが続くからである。

それまでの株価をはるかに超える買いの枚数があれば別だが、なかなかそうはいかない。

いったん下を向き始めた銘柄の需給は簡単には回復しない。この習性を飲み込んで、銘柄の高値圏に対処すべきである。

[3083 シーズメン　日足]

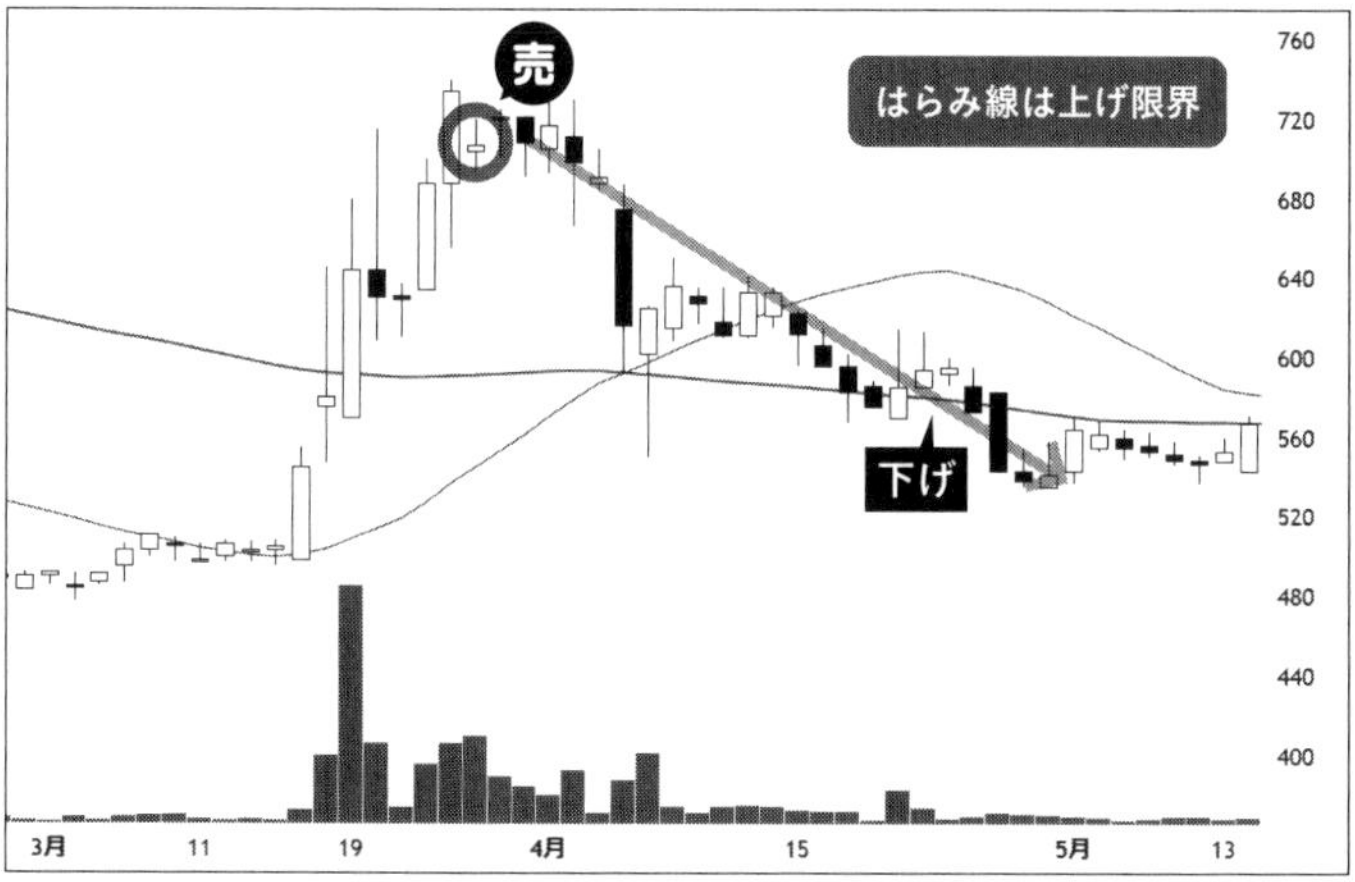

52 急な陽線連続は陰線連続につながる

急に上げた株価は、急に下落する。これが習性である。

資本金の大小に関係なく、株価とはそのようなものなのである。

この銘柄の株価は25日移動平均線を上に突き抜けると、5日間であっという間に大陽線を付けながら上げていった。

しかし、株価のバランスで売りが多くなり、陰線を付けると、今度は逆回転。坂を転げるように陰線続きで下落し、移動平均線を下回った。

元の木阿弥である。

この動きは週足にすれば、2本の陰陽線となるだけだが、最近の短期トレードでは、この動きにもチャンスがあるので、無視はできない。

上げの場面で買いを入れて、下がる前に飛び降りることだ。

急に作られた相場は急に壊れる。

これは間違いない。

相場が緩やかに上げて、さらに高みに行くには、買いだけではなく、利益確定の売りもこなしながら、上げていく。

短期で急激に上げていった株価は、その後を買う投資家はいないので、買いの方向から売りに傾くと、簡単に壊れるのだ。

この癖をしっかりとつかんでトレードしなければならない。

株価の動きから、好ましいトレンドの見方がわかるはずだ。

［2211 不二家　日足］

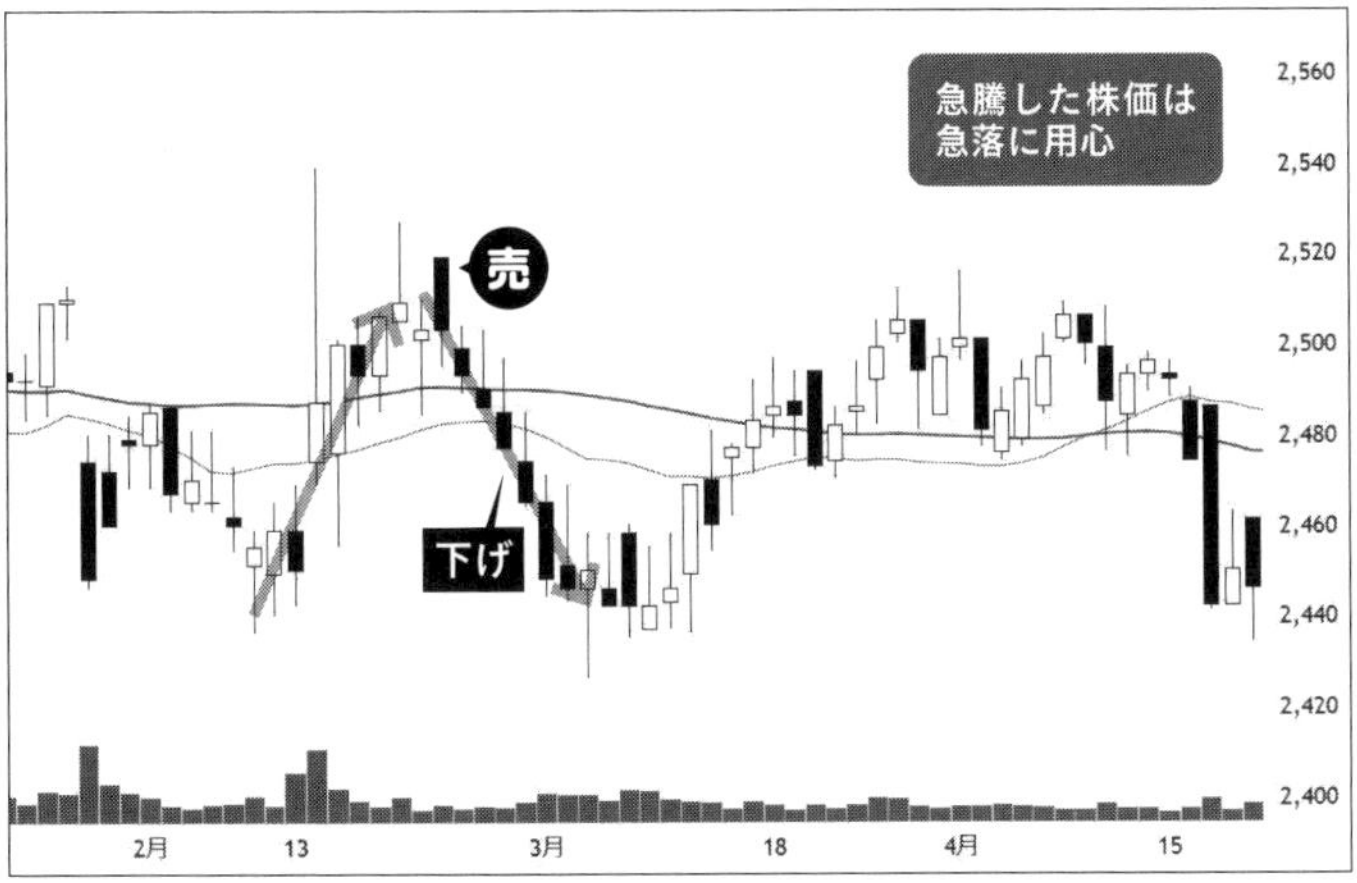

53 「長ーい上ヒゲ」は株価の限界

株価の勢いがついてきて、窓を開けての上昇、それも、陽線がほとんどの上げは、追随の買いを入れたいなら、用心しなければならないことがある。

それは、**上げの限界を見極める**ということだ。

株価が勢い良く上げている時は問題はないが、いつかは限界がある。

その「上げの限界」のシグナルを心得ておくならば、高値圏で逃げ遅れることはない。

ここにあげたチャートでは、さりげなく上ヒゲ、それも比較的長いものが出ている。

この足は、間違いでも勘違いでもなく、立派な売買の力関係の表れである。

高値圏で、さらに高く買われたが、その先を買う人がいないので、株価は押し戻された。

そこに、**需給関係の異変**が見て取れる。それ以上の高値は買わないという意味である。

そのシグナルを見落とさず、手持ちの銘柄は撤退し、さらに高値を望まないことが大切である。

下げの途中にも陽線が出ているが、銘柄に対する「憧れ」の証である。

国際優良株や材料豊富な銘柄は、多少下げても、「戻すのではないか」という見方があるので、下降トレンドに入っても、買いが入りやすい。

しかし、その考え方は間違いだ。

上値限界のシグナルが出た時に撤退を考えないと、含み損を拡大させるだけである。

[4492 ゼネテック　日足]

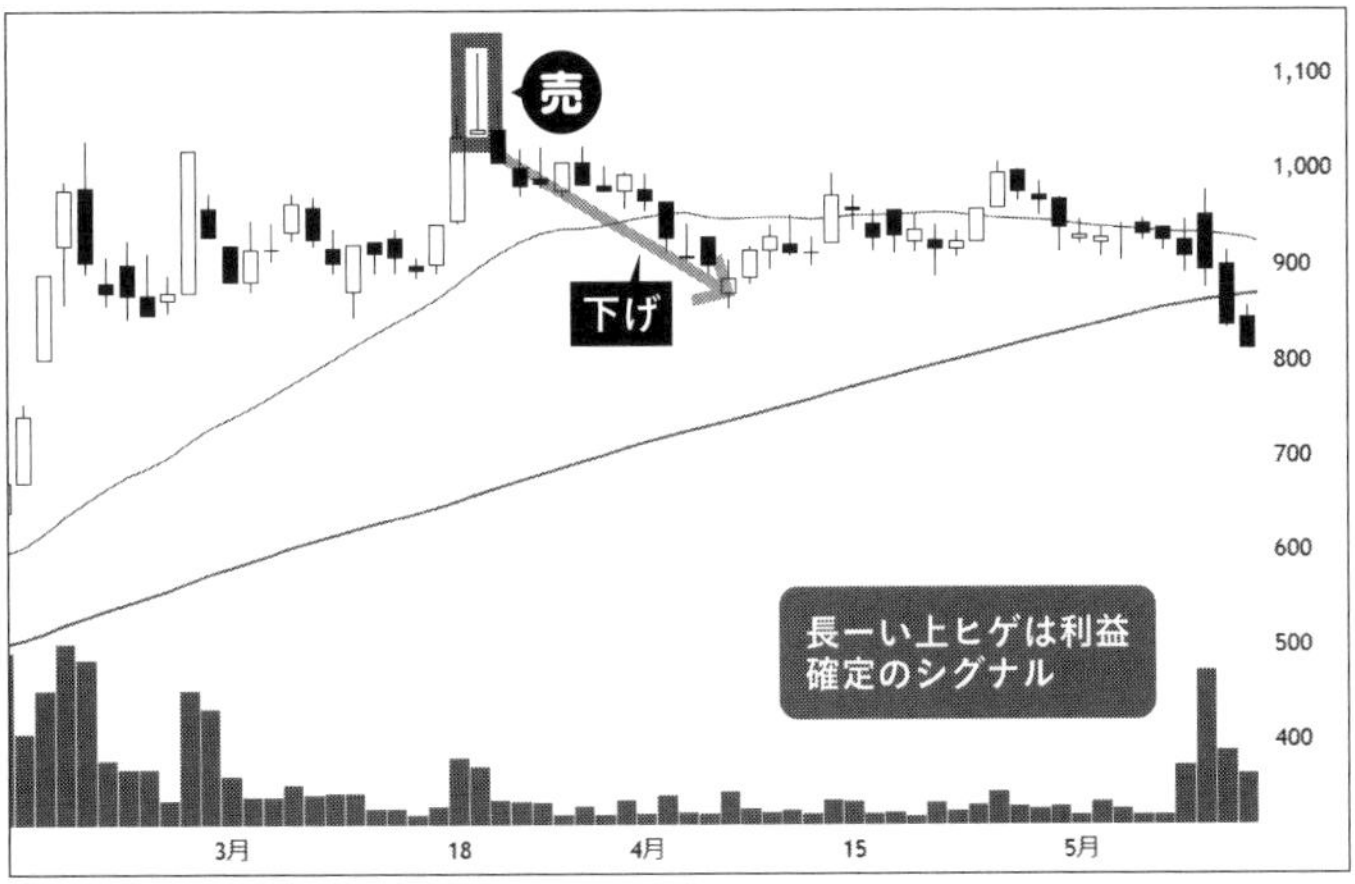

54 移動平均線との「デッドクロス」が出たら逃げる

上値限界から**下げトレンドになるシグナル**で明確なのは、**上げてきた移動平均線をローソク足が下に抜ける「デッドクロス」を確認**することだ。

株価が上げているうちは、移動平均線（25日）は右肩上がりになっている。それは株価の方向を緩やかに表したものである。

これに対して、株価が暗転して、この平均線を下回れば、明確な下降トレンドとなり、ここに集まる投資家も「ここが限界」と悟るようになる。

トレンドを変えることは不可能だ。**単なるローソク足の下向きだけではなく、移動平均線を下に抜ければ、下げ傾向の確認となる**ので、買いは無謀である。

株価の動きは日々上下しているので気付きにくいが、25日平均の株価のトレンドと合わせて見ることで、株価の方向が見えてくる。ぜひ活用してほしい。

Chart

鬼77則

Part 6

手出し無用の扱えないローソク足

ルール その1：絶対に損をしないこと。
ルール その2：絶対にルール1を忘れないこと。
——ウォーレン・バフェット

55 落ちる途中での「値ぼれ買い」は厳禁

株は売買で利益を得るものだが、大切なのは、入る（買う）タイミングである。下げの途中で入れば、含み損が拡大する一方で利益どころではない。**安くなったからいいというものではない**のだ。

下げる中で買ってさらに下げれば、損が拡大するので、精神的にも良くない。

しかし、天井圏からの急な下げの局面でも株価が成立しているということは、その時点で買いに回った人がいるという証左だ。

株価は買いがあり、売りがあって初めて成り立つからだ。

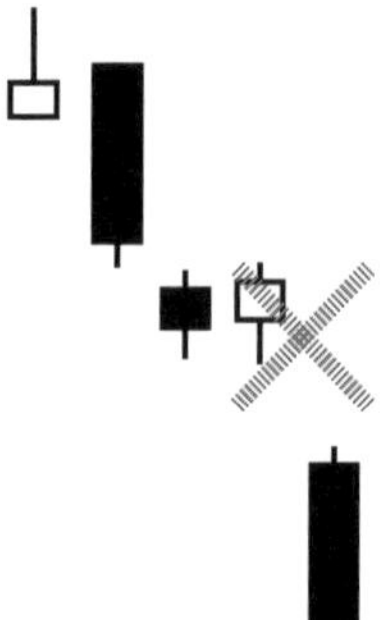

このような間違いの買いを行ってしまう人がいかに多いことか。

もちろん、下げの途中での買いは、信用の「売り建て」の買い戻しもあるが、すべてがそうではないだろう。

この銘柄の株価の推移でわかるが、株価は下降トレンドに入り、下値まで下がった後に上げている。

つまり、**値ぼれの買いを下げの途中で入れるよりは、下値確認の後で買いを入れた方が効率的な売買ができる**のである。

株式投資はタイミングが勝負だ。

下げの途中は買ってはいけないタイミングであることを肝に銘じておきたい。

［ 1813 不動テトラ　日足 ］

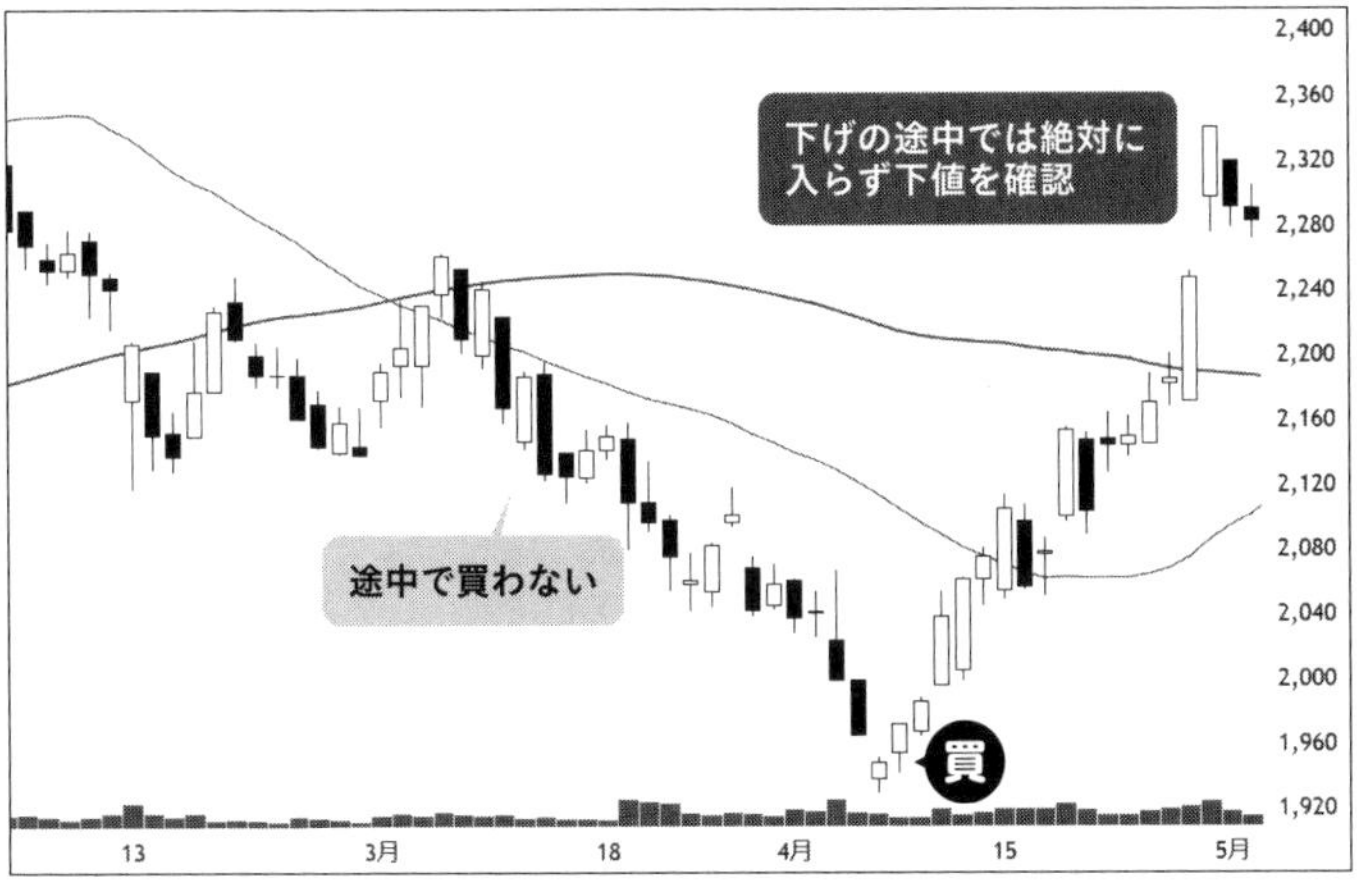

56 上に飛んだ株価も「陽線と陰線のはらみ」で限界に

株価がいきなり、窓開けで上に飛んだ時に、「これは上がるな」と判断して、飛びつく投資家が少なくない。

上がる株価には飛び乗りたくなるのが、投資家心理というものである。

しかし、飛び乗った時に限って、株価は限界になりやすい。「高値つかみ」になるのだ。

その限界のシグナルが、ここにあげた「**はらみ線**」である。

天井に向かう大きな陽線に小さな陰線が収まると、そこが上値限界になる。

さらに窓開けの陰線なんぞが出たら、「**下げ決定**」である。

その後は、割安感からの買いが入り、陽線も出るが、力関係は下に向いているので、下降トレンドが変わることはない。

この下げの途中に陽線があるのは、「妥当な株価で買いタイミング」と誤解した人がいたからだ。

このチャートは東証スタンダード市場に上場する銘柄だが、新興市場の銘柄は、個人投資家が多いので売りが売りを呼んで、買いは入らず、ストップ安になることが多い。

この形になれば、短期間に「値幅調整」が進むので、下値に届くまでの期間は意外と短い。

だから、下げトレンドでは、信用の売り建ては構わないが、決して「値ぼれの買い」をしないことだ。

買って、下がり、ナンピンして、さらに下がる。最悪の売買になるので、このようなトレンドの銘柄にかかわるのは、用心しなければならない。

［6217 津田駒工業　日足］

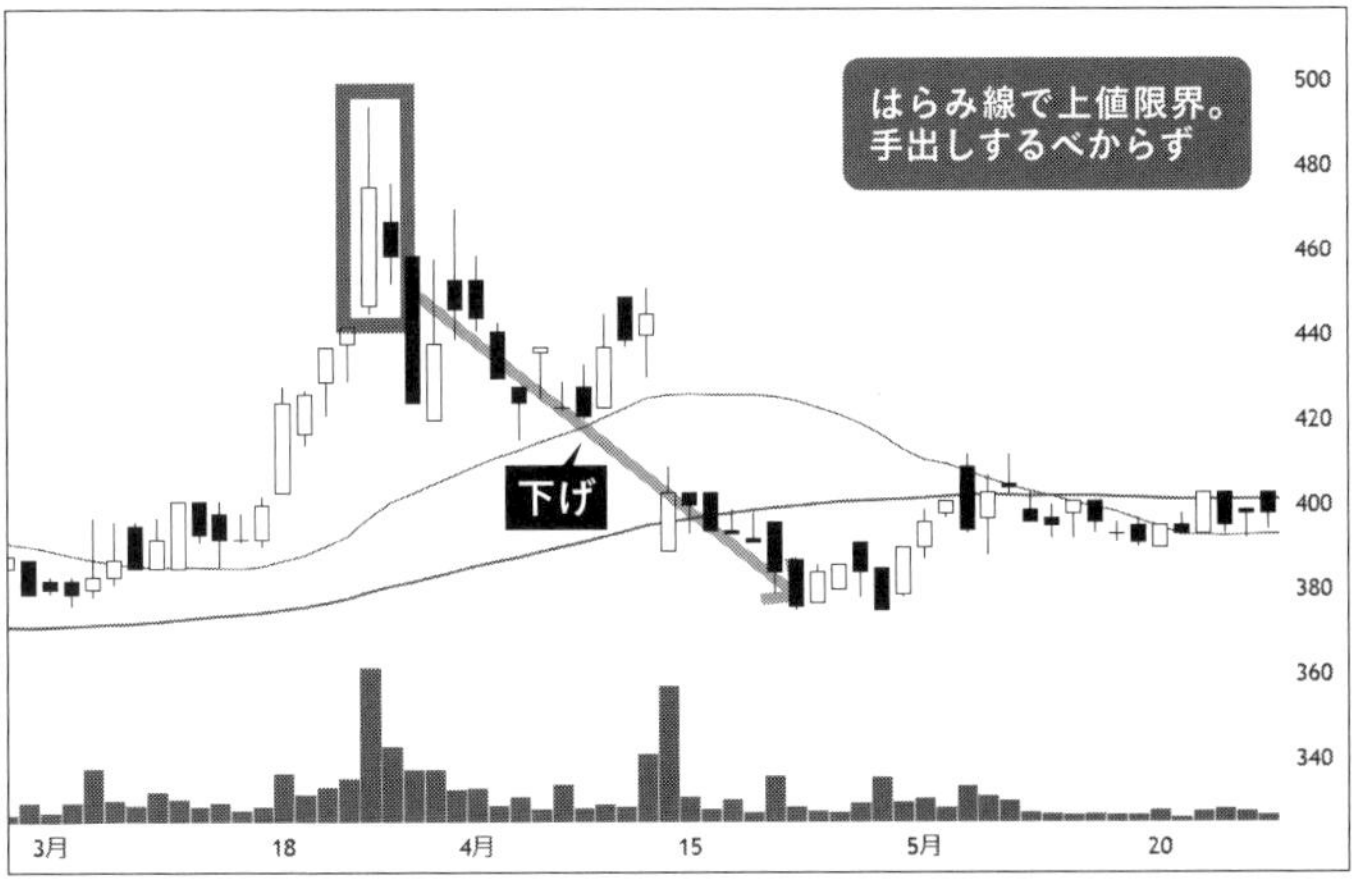

57 「だらだらの下げ」は間違っても拾うな

人気の銘柄が下げてくると、ついつい「これぐらいなら買ってもいいかな」と**ナンピン買い下がり**を入れたくなるものだ。

しかし、ナンピンで成功するのは、長期の上げトレンドの押し目くらいなもの。

高値を付けての下げ局面では、良いことはない。

絶対にやってはならない。

この銘柄で間違えやすいのは、下げの途中で大きな陽線が出ていることだ。

一時的なニュースや思惑で買われるが、下げトレンドが始まっ

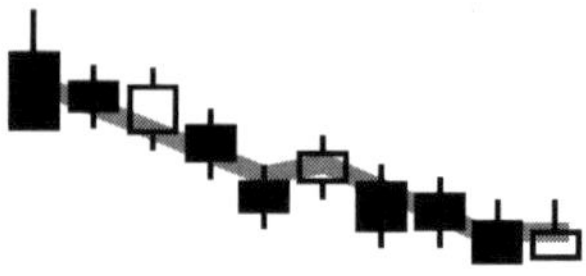

た以上は、その流れを変えることは難しい。

上げの時は、ぐんぐん上げていき、買いが上値をとってくるが、下げの時は、利益確定の売りや、先行きの下落を見越した処分売りで売り圧迫が強くなる。

ここで買うのは無謀と言える。

株で損をする人の大半は、私から見れば買ってはいけないタイミングで「買いの行動」を行っている。

チャート分析で見ればあり得ないタイミングでの買いであり、売り玉にチャンスを与えるようなものだ。

「ついつい」を慎まなければ、投資での損は拡大するばかりである。

［ 5017 富士石油　日足 ］

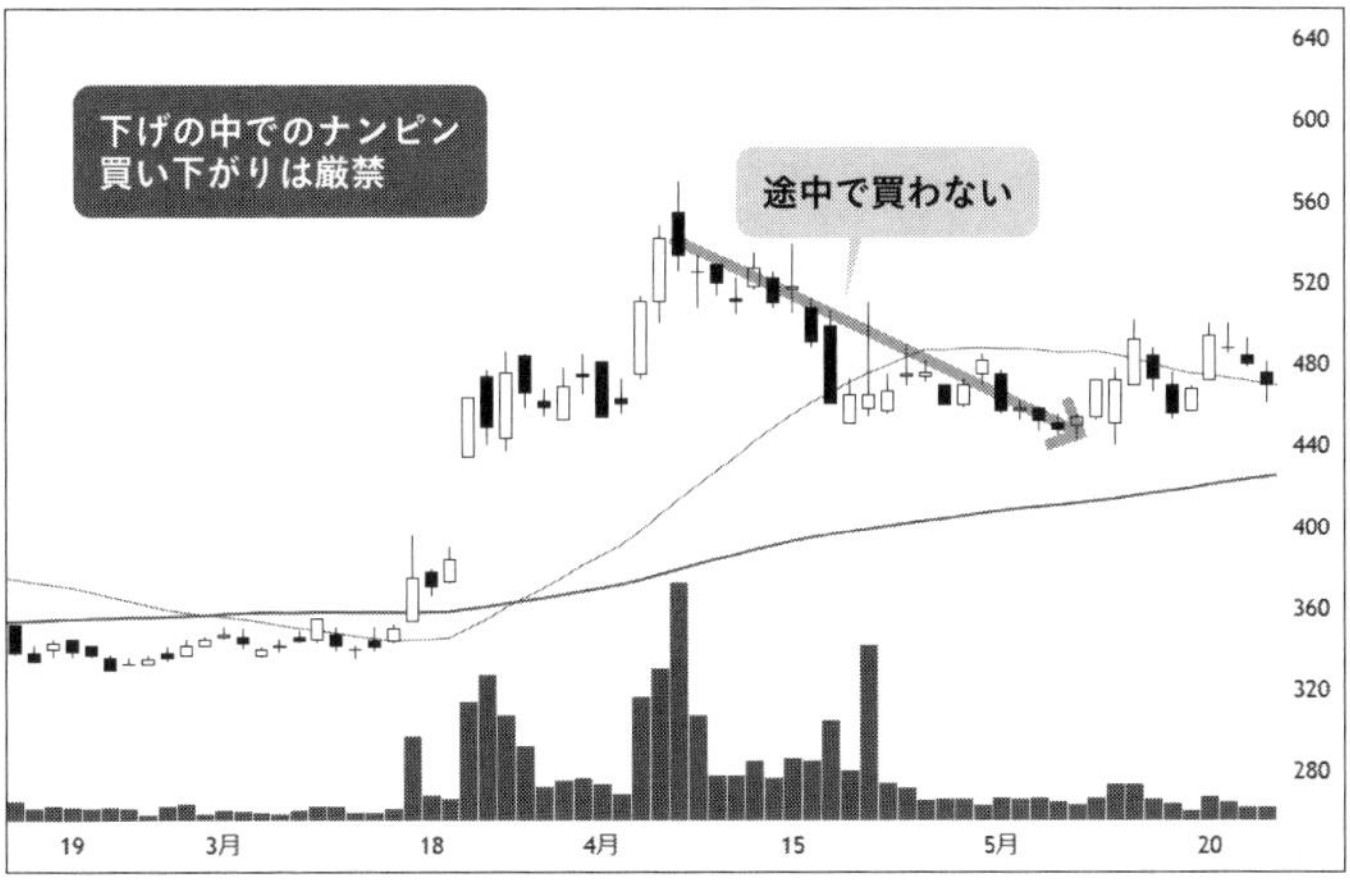

58 急騰の後には必ず「利益確定」があるので用心だ

株価が中低位の銘柄が下値から上げていき、倍近くまで上がると、「買わなければ」という雰囲気が出てくる。

しかし、そうした銘柄は、ある思惑に操られた「仕手株」の場合があるから、注意が必要だ。

銘柄を仕掛ける筋は下値から周到な作戦で上げてくるので、初動で乗れる。

少しは回転して利幅を取っていくが、個人投資家の大半が気付くのは、出来高を伴っての急伸の時である。

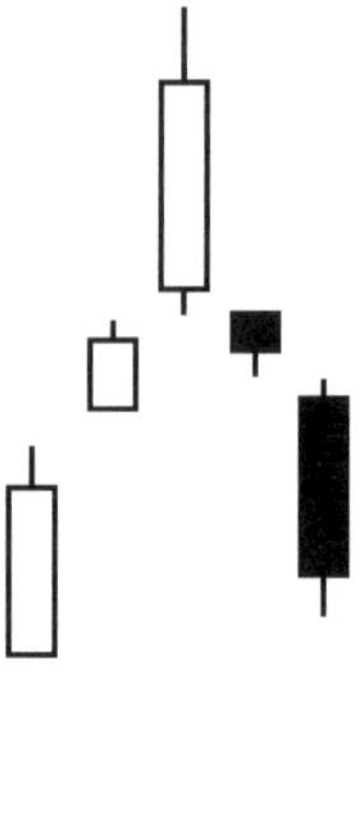

しかし、**皆が知ったら、相場はおおむね終わり**近くだと考えていい。

最後の大陽線が出たタイミングが天井圏。ここで急騰したのは、それだけ「先高観」を持って買った人が多いということだ。

チャートでわかるように、**このタイミングでの買いに利益確定のチャンスはない。**

しかし、ここで出来高が最高になっているので、買った人がいかに多いことか。

付和雷同の買いである。**上げた時は「買い安心」**。

しかし、そのタイミングで買うのは、最悪だ。やってはならない売買のやり方である。

［ 3105 日清紡ホールディングス　日足 ］

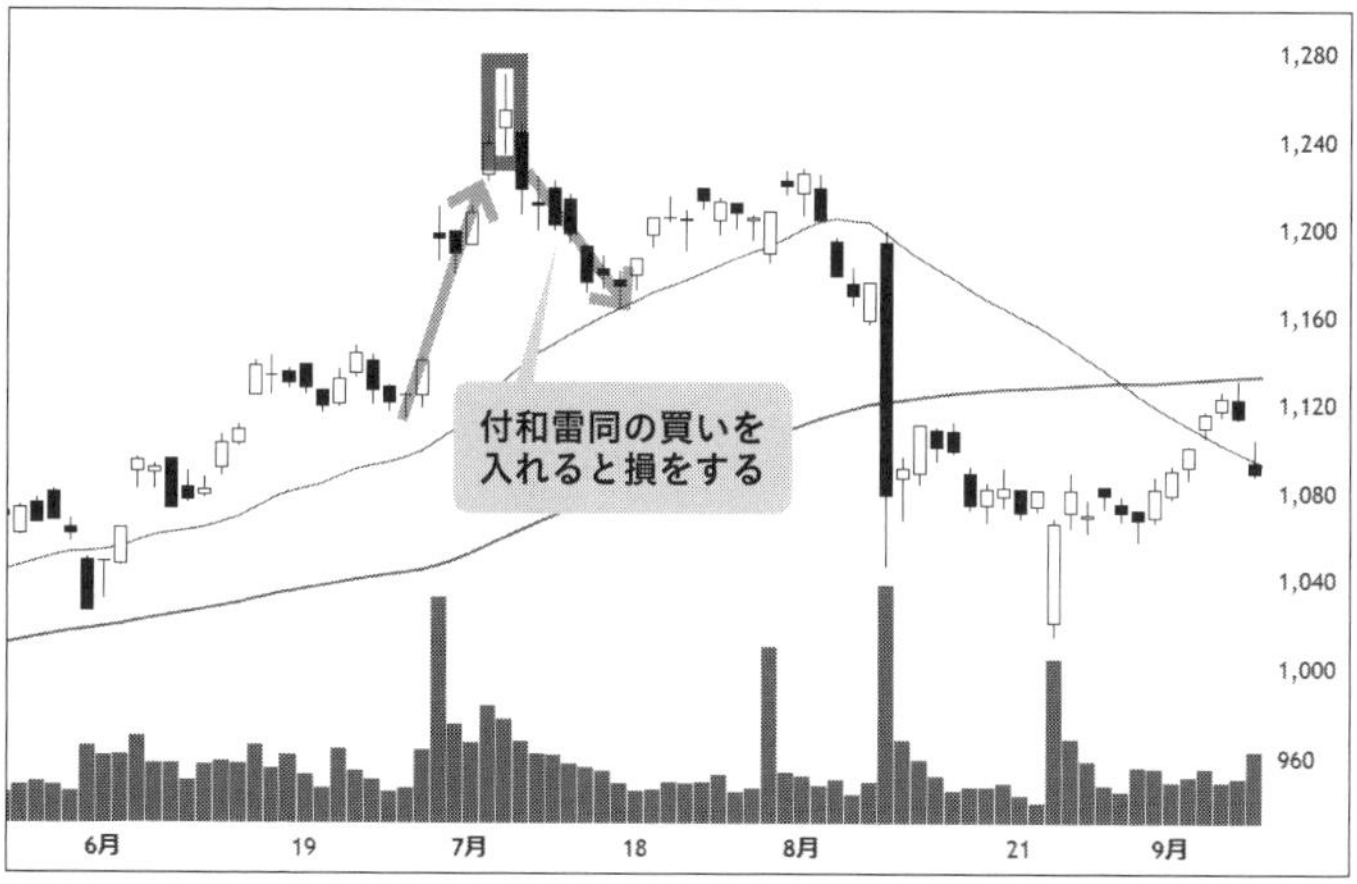

59 「ストップ高」はどれだけメリットがあるのか

株式市場で華やかなニュースといえば、「ストップ高」である。

特に、手持ちの銘柄がストップ高になれば、こんなに嬉しいことはない。

余裕で利益確定ができるからだ。

ただ、**ストップ高の銘柄をストップ高の時点で買うのは、まったくお勧めできない。**

結果的に成功することになっても、だ。


たとえば、この銘柄は人気化で2回ストップ高を演じている。ところが、その後はさすがに上値限界となり、下がっていった。1回目のストップ高で買えた人には利益確定のチャンスがあるが、そのニュースを見て押っ取り刀で駆けつけた2回目やその後の高値では、利益確定はほとんどできず、含み損を抱えることになったはずだ。

このように、ストップ高に付和雷同するのはいいが、**その先の株価を誰が買うのかを考えないと、賢明な投資とは言えない。**

新興市場の銘柄には、毎日のようにストップ高をする銘柄がある。

それだけ、投資家は派手に動く銘柄を追いかけている。派手な動きの銘柄に乗ろうとしている。

しかし、この投資スタイルには、あまりチャンスがない。

チャートでわかるように、急騰の後の株価は持ち合いからだらだらの下げになりがちだ。大金を失うのも、この手の銘柄での投資である。

[7003 三井E & S　日足]

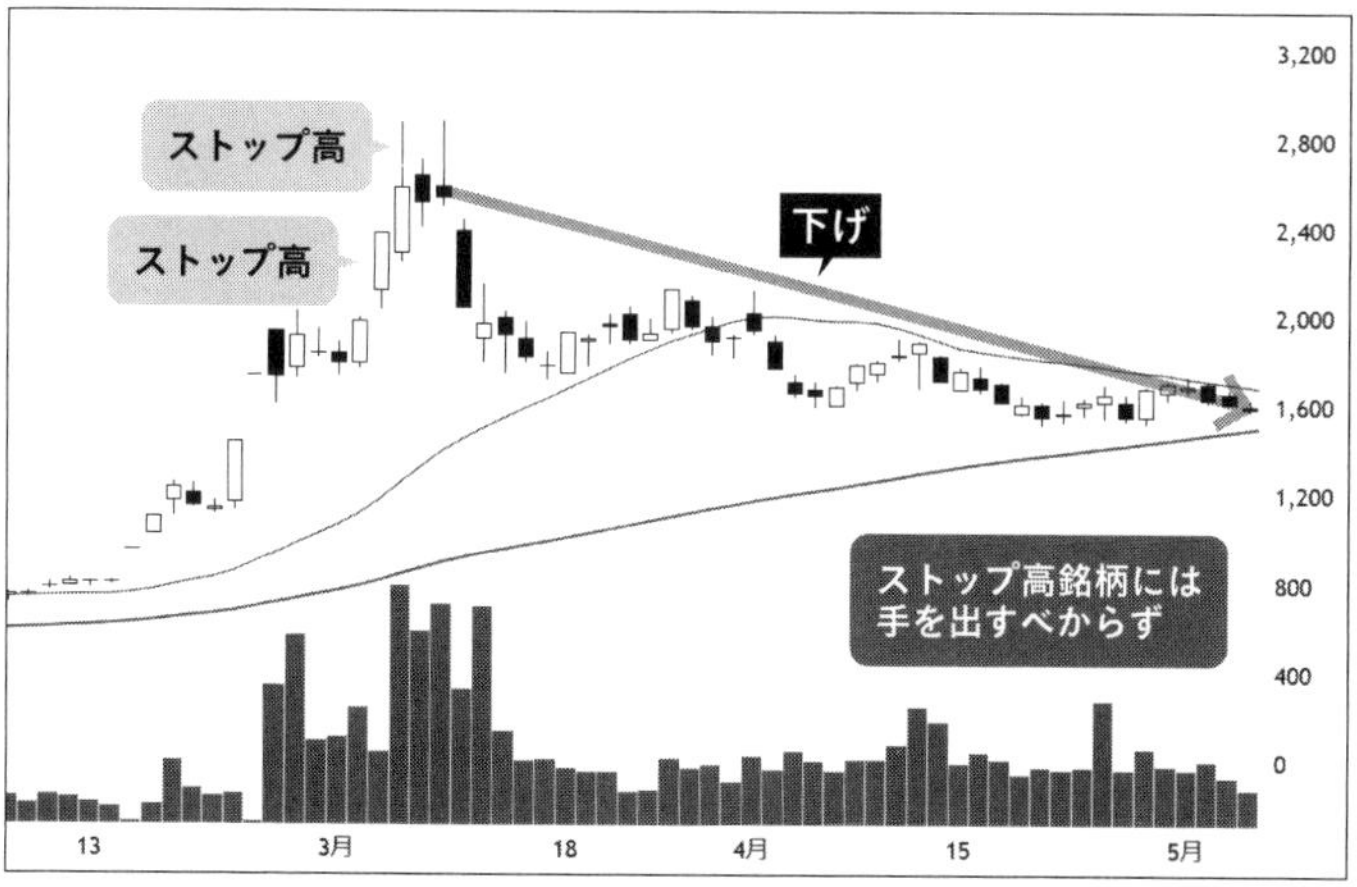

60 「ストップ安銘柄」は追跡が賢明だ

株式投資で打撃が大きいのが、**買ったとたんに「ストップ安」**に遭遇することだ。信じて買ったことが悪夢のように感じられるだろう。

暴落の時は、ショックから出来高が多い。セーリングクライマックスだ。

しかし、いかにも暴落のように見えても、その後の株価は「持ち合い」になる。持ち合い状態にあるのは、買いもそこそこあるということ。この場面で、**枚数を増やして、購入単価を下げておく**のも一つの手だ。資金に余裕があるならば、保有して配当をもらい、やがて来るであろう、反発のタイミングを待つのもよいだろう。

ストップ安の後に、しばらくしてストップ高になる銘柄は珍しくはない。特に新興市場の銘柄である場合は、値動きが激しく、少しの材料で反発することはいくらでもある。長い目で見ることも大切ということを忘れないでおきたい。

Chart

鬼

77

則

Part 7

底値を探る技術

町のあちこちで通りが血に染まっている時こそ、買いの絶好のチャンスだ。

——ネイサン・メイアー・ロスチャイルド

61 「リターンリバーサル」の原理を知ろう

株価は上にも下にも行き過ぎる。この事実を覚えておこう。

ここにあげた銘柄は、日本を代表する自動車銘柄だが、高値を付けた後に、500円近く下げて底を這っている。

しかし、この株価はたまたま、悪い材料などで頭を押さえつけられているだけで、**企業価値を必ずしも正しく反映しているわけではない。**

業績も悪くない上に、増益しているからか、人気があり過ぎて信用の買いが多く、上値を押さえられている。そのために、値動きの重さから嫌われて、買いが入ってこない。

言うならば、**需給の悪さが株価に影響**してくる。

今後はどうなるかと考えれば、信用の買いの期日が通過して、買いの玉が減った時がチャンスかもしれない。

上げたものは下がり、下げたものは上がる。もちろん企業価値が棄損していないことが前提だが。

チャートと需給。

この要素を考えて、**下げ過ぎを買うというスタンス**が、下値の仕込みのチャンスになる。

チャート読みで大切なのは、「割安か、割高か」という意識である。

割安になった株価については、反発の地合いを見て、果敢に仕込んでいく。

その考え方が報われることは間違いない。

高値を追わず、飛びつかず。

下値からの反発の場面をしっかり仕込むことだ。

［ 7267 本田技研工業　日足 ］

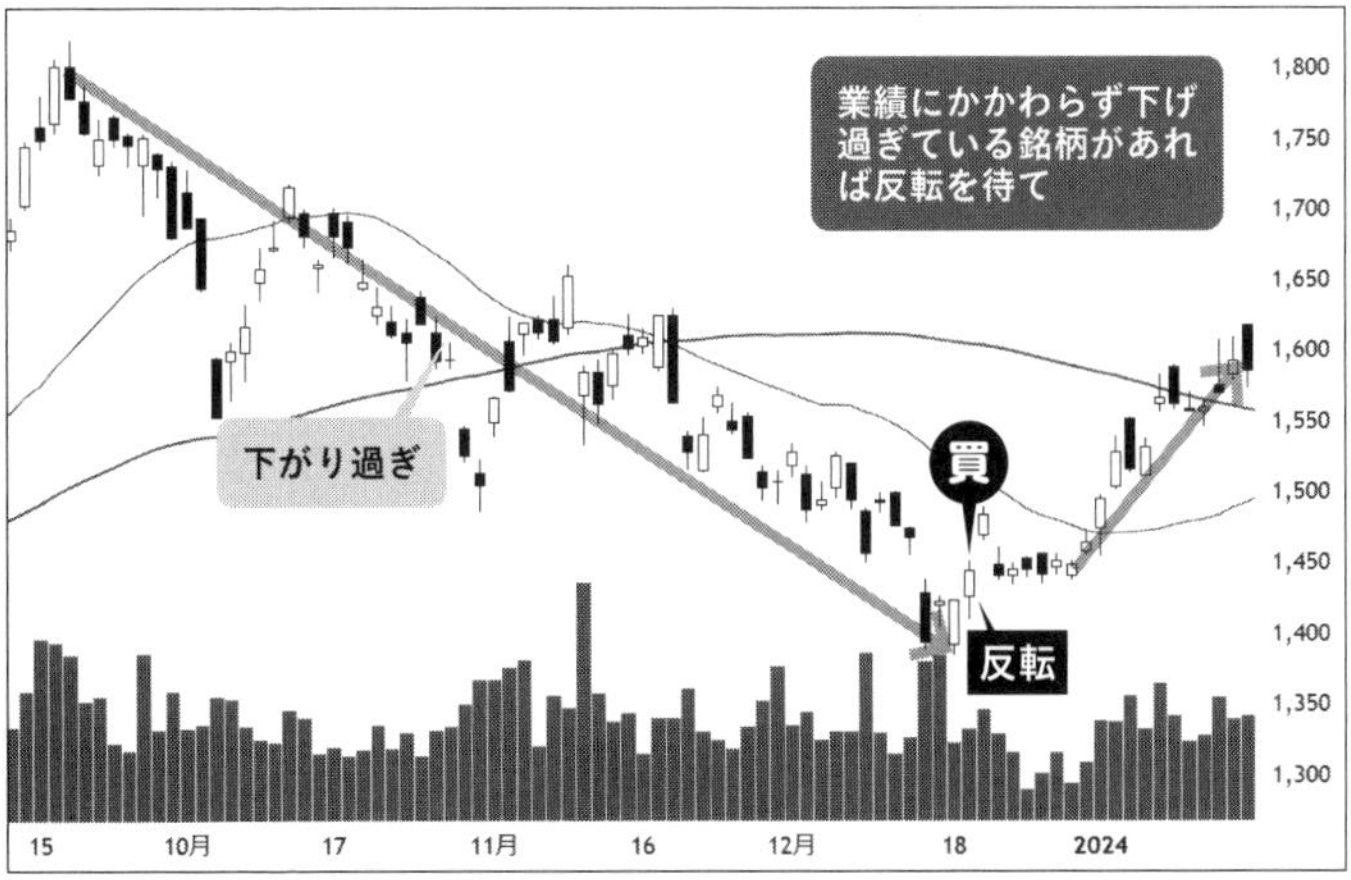

62 「損切り」しても追いかけてものにする

相場は、売り買いのリズムさえ間違わなければ、勝率は高くなる。

逆をやれば、果てしなく損が拡大する。

これは基本である。

それを改善するために、チャートがあり、それをうまく活用できる人にチャンスがあるのである。


この銘柄は世界に知られた優良企業である。優良企業の代表とも言える。

日経225平均の採用銘柄は、外資の売買の主な対象になるし、年金基金(GPIF)や生保など機関投資家の運用対象にもなる。

そのために、トランプ大統領の発言で、リスクオフ、リスクオンを繰り返す**NYのダウ**

平均株価にも連動しやすい。

もちろん、中国での仕事が多いこの銘柄は**中国の経済状況ともリンク**する。

これらの動きを見ながら、相場の方向をつかみ、投資を行えば、さしたる損はしないどころか、安定的な利益を積み重ねることが可能だ。

ローソク足のトレンドを見ても、なだらかに下げ、なだらかに上げている。

中長期の投資では負けないチャートと言える。

ただし、ある程度上昇してから乗ると、上昇・下落の幅に振られやすいので用心が必要だ。

［4005 住友化学　日足］

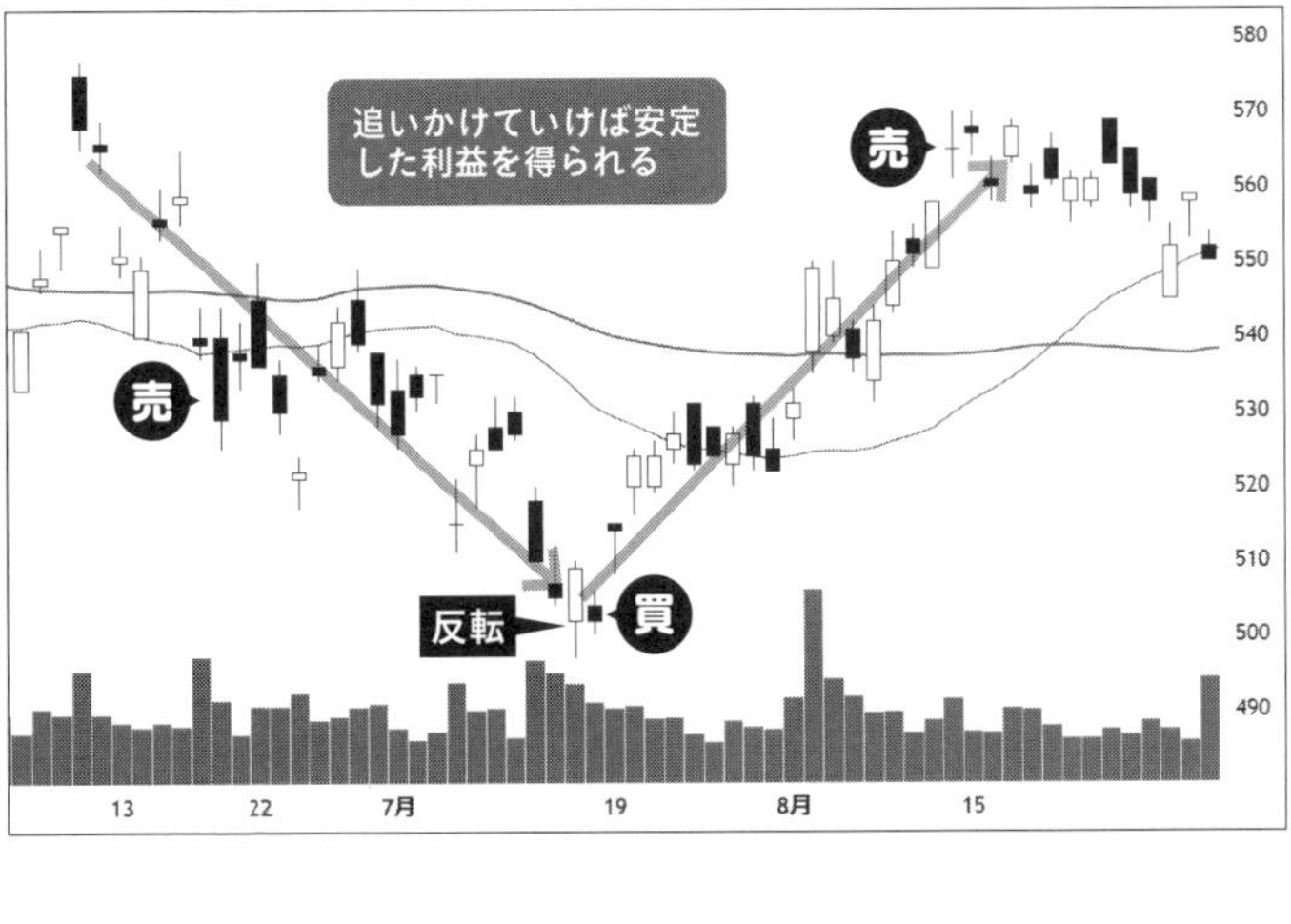

63 「上げ下げ」のサイクルからチャンスをつかむ

新興市場の銘柄は資本金が小さく、浮動株も比較的少ないので、急激な上昇・下落をするのが特徴だ。

ローソク足の動きを見ても一定の特徴があり、それを読み解くことで、買い時・売り時がわかる。

出来高と株価の関係を見ると、**ストップ高近辺で出来高が急増**して、その後には、買いの重しをこなすために、持ち合いが続く。

それが終わった時点で、再び動きだす。

このような習性が見られる。

強烈な上げの前には、その初動が見られるので、参戦するならば、その初動をとらえる必要がある。

もし、大きく上げた時にやっと気が付いたならば、そこで入るべきではない。

しばらく追跡して、**やがてやってくる「初動」をとらえる**ことが大切である。

新興の銘柄は、たとえ動いても線香花火になる可能性があるので、タイミングをしっかりととらえなければならない。

素早くチャンスをつかみ、素早く売って逃げる。この習慣こそが大切である。

大きく変動する新興の銘柄は、その癖を見極めて、賢く入ることが勝利のトレードになる。

[4387 ZUU　日足]

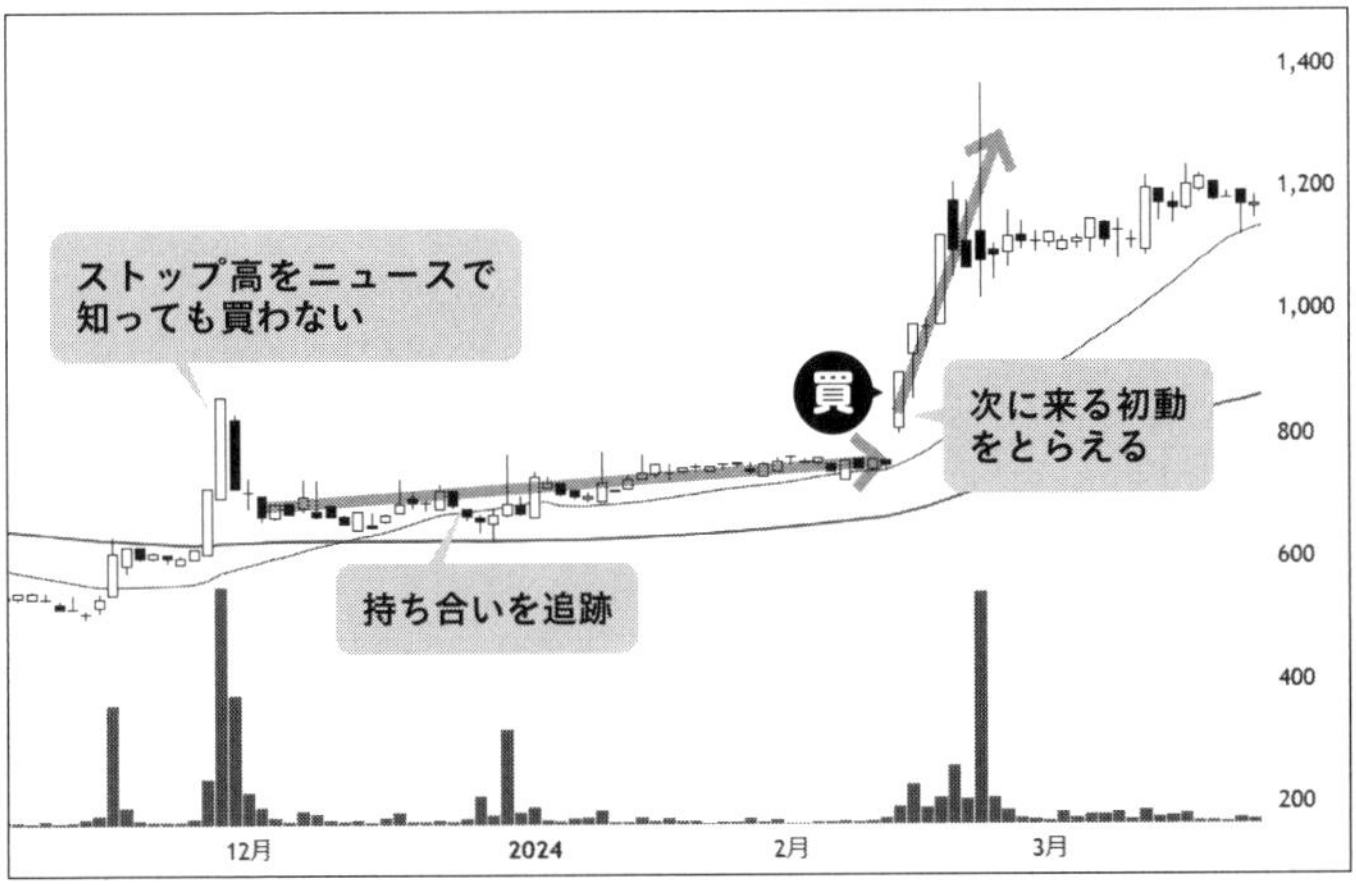

64 わかりやすい「ジグザグ持ち合い」で稼ぐ

株価に一定のリズムがあると、取り組みやすい。

「こうなった場合にはこうなる」という、一定の上値下値のサイクルがわかると、売買しやすいものだ。

ここにあげた銘柄は、上値と下値が似ていて取り組みやすいと言える。

もちろん、株価の動きはあくまでも過去のものであり、将来を約束するものではない。

それでも、見えてくるのは、**株価の癖**である。

このチャートを見ると、初心者でもプロでも、「この銘柄は上値下値が持ち合いだ」という印象を持つだろう。

それで、この銘柄に取り組む時には、上値限界、下値限界を自然と意識する。

そのために、結果としては、似たような動きになるのだ。

トレードでは、銘柄ごとの癖を知って、すべてを取るのではなく、**そこそこの利益を確保**したい。

そこそこが、よいのだ。

そのためには、この銘柄と類似のものは大いに活用したいものだ。

株価にはどの銘柄にも、上げ下げ、上値下値はある。

しかし、どこが底で、上はどこまで行くのかは正直わからない。

その点で、この**「往来銘柄」は、癖が明確**なので、活用したい形である。

[6920 レーザーテック　日足]

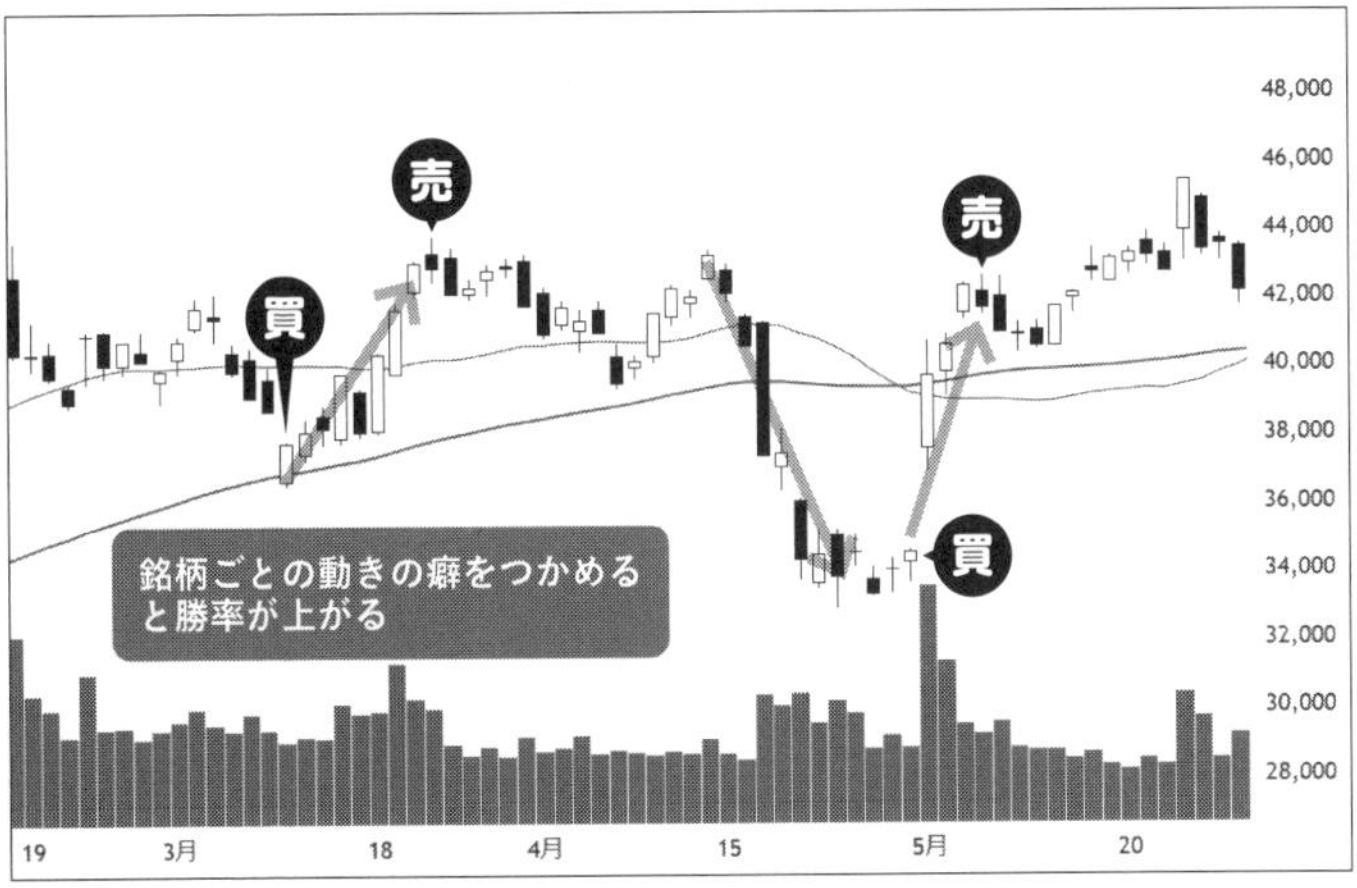

65 「急落」は下値確認のチャンス

業績に特段問題がない限り、株価は一時的に調整しても、全体相場が下落しても、**必ず元に戻すか、さらに上げていく。**

この株価変動の習性を活用して、確実に利益を確保したい。

トレードの技術では、**下げていく銘柄の下値を確認して、転換した上げトレンドにうまく乗る**眼が必要となる。これが大切な「儲かる投資」のコツである。

下げの途中に買って損切りし、その後は追跡もしないで、次の銘柄の割高を買う。押している銘柄の下げ局面で「値ぼれ」の買いを入れるのは、個人投資家によく見られる失敗する売買の例だが、それをやっているうちは、株で勝つことはないだろう。

チャートの上げ下げのシグナルをしっかり活用して、確率の高い投資を行いたい。

Chart

鬼77則

Part 8

相場の癖を読む

一般の投資家が市場に対して持っている誤解。それは相場がニュースによって反応すると考えていることだ。

——マーク・ワインスタイン

66 上げに乗ったら、「最後まで」

株式投資でしっかりと儲けるには、**良い銘柄に乗ったら、とことんついていく**ことだ。日々の株価を見ていると、上げの次は下げになることが多いので、ついつい利益確定してしまいがちだ。それが投資家の偽らざる気持ちである。

しかし、一度は勝っても、次の段階で失敗すれば、勝ったり負けたりで、トータルではなかなかお金が増えない。

それどころか、逆に減ることも少なくない。

それを避けるためには、好循環に見える**「当たり銘柄」に乗れたら、簡単には利益確定しないで、我慢してついていく**ことである。

ここにあげたのは、理想的な右肩上がりの銘柄である。

上げトレンドの最中なので、じっくり取り組みたい動きだ。

ただ、きれいに見える日足でも、よく見れば、陰線、陽線、同時線などが交じっている。

上げたかと思えば、次の日は下げている。上げても陰線だと、次の日は下がるのではないかという不安がよぎる。含み益が減るのではないかと不安にもなる。

損はもちろんだが、儲かっても怖い。

厄介ではあるが、やめられないものだ。

「すぐに利益確定する」癖をなくすには、その銘柄ごとの「投資計画」をきちんと立てて、安易に手放さない方法を確立するといいだろう。

［8053 住友商事　日足］

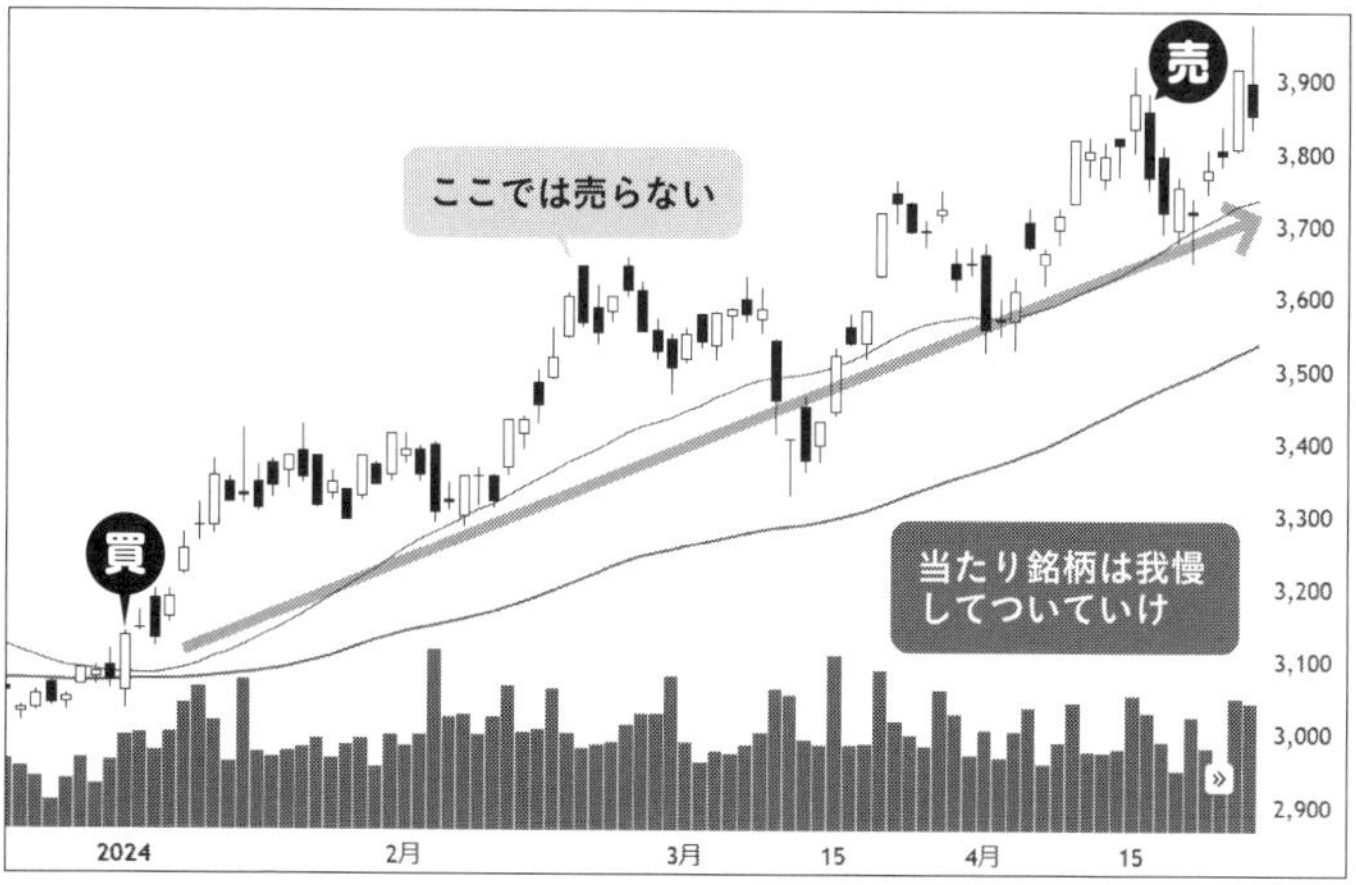

67 上げの「途中で」乗っても良い動き／悪い動き

株式投資でうまく儲けている人は、「持ち合い」の時点での判断のしどころが違う。

ここにあげた銘柄では、底値を脱したことは誰にでもわかるが、下げてきた25日移動平均線を超えたところでモタモタしているので、「売らなければ、また下がるのでは……」という強迫観念にとらわれやすい。

しかし、ある程度の売りが出て株価が軽くなると、再び、上げを加速している。

大切なのは、この時点まで待てるかということだ。

株価が上げてきてモタモタするのは、悪いことではなく、次なる飛躍に対しての踊り場であることを学んでおきたい。このタイミングを待てる人は、どの銘柄の上げに対しても、美味しいところをいただける可能性がある。

「モタモタ」を待てるか否か。

紙一重とも言えるタイミングで、資産形成の可否が決まることを学ぶべきである。

底から上げてきて、一休みして、また上げる。

このリズムは多くの銘柄に多少の差はあってもあり得ることである。上げては休み、さらに上げるという一般的な株価のリズムを心得ておきたいものである。

株価の動きは、上げたらそのままぐんぐん上げるというような都合の良い具合にはいかないことを知っておかなければならない。

長い上ヒゲのローソク足や、大陰線が出たら問答無用で逃げよう。

［4812 電通総研　日足］

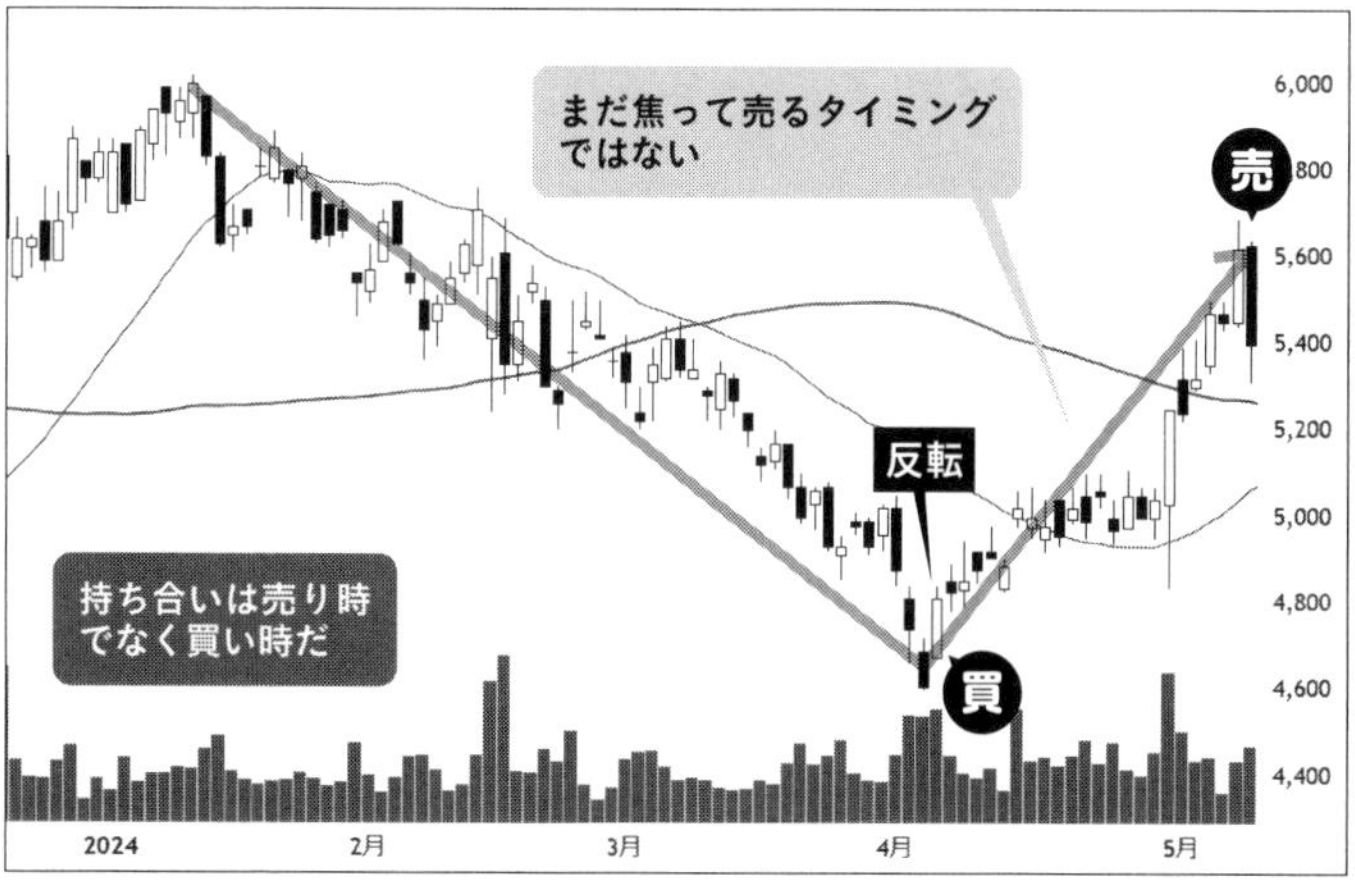

68 「出来高増加」の上げに乗る

株価の上げが本物かどうかは、出来高がそのカギを握っている。

出来高がさしてない時の動きは方向性がつかみにくいが、**特に出来高を伴った上げは本物**と言えるだろう。

出来高が増えるというのは、買いも多いが売りも多いということだ。

売りをこなしながらも上げていくというのは、簡単な話だが、買いの方が勝っている状態だ。

すなわち、先高観が強いということである。

先に高いというのは、雰囲気だけではなく、それなりの材料があるからである。

業績はもちろん、時流に乗っているなど、魅力がなければ株価の上げはない。

買いたいという要望も存在しない。
その動きに乗って投資をすれば、期待した成果があるだろう。

もちろん、**買ってもいいのは、25日移動平均線を超えて間もない時**の話で、大天井のように、**移動平均線との乖離が明らかになった時点ではない**。

乖離が少しだけ目立ったという、頃合いが大切である。

移動平均線との乖離が大きくなる。

すなわち、買われ過ぎの段階になれば、リスクも高くなるので、用心しなければならないし、高値つかみの恐れも大きくなる。

これだけは知っておきたい。

[7309 シマノ　日足]

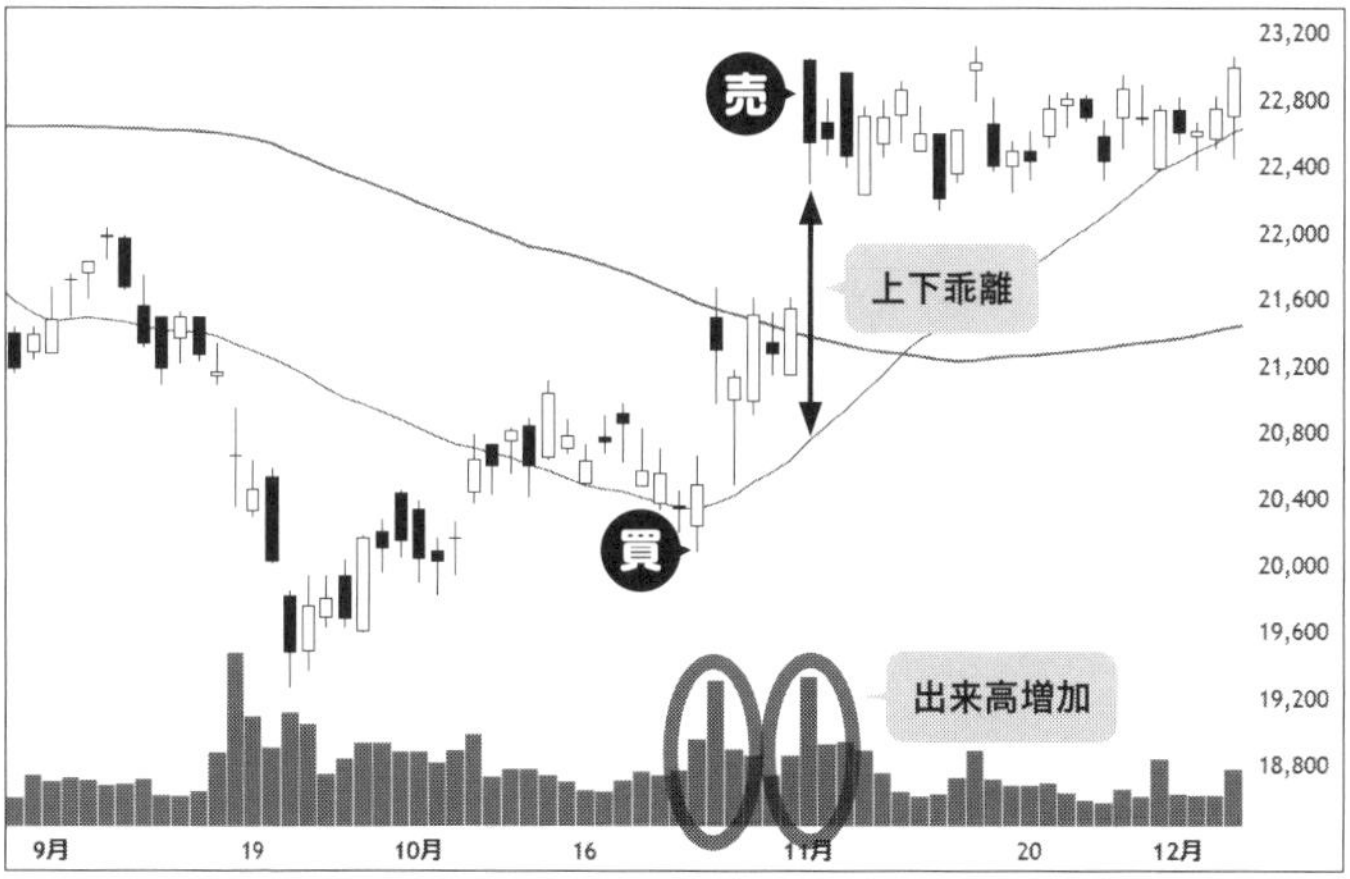

69 「ストップ高、ストップ安」の激しい動き

個人投資家はなぜか、値動きの荒い銘柄に集まる。

買ってからストップ高をすれば、100株でも500円の水準で100円高ならば、利幅は10000円になる。

5万円を投資して1万円のリターンなので、美味しいことは間違いない。

しかし**間違うと逆に動き、一時的にせよ1万円の損にもなる。**

それでもここにお金が集まるのは、「10バガー」、すなわち、10倍株への夢があるからだ。

宝くじよりも確率が良い。競馬、パチンコよりも良いといえばそれまでだが、とにかく個人投資家の多くはギャンブルが好きなようである。

それに乗じて仕手筋も雲霞のごとく集まり、株価を操縦するのだ。

ここにあげた投資用マンション関連の銘柄は、業績とは関係なく、値動きの面白さで資金が集まる。2000円台から始まり、高値は4000円手間まで、1カ月で値動きがあった。2倍である。

しかし、仕手筋も株価を作る意図からか、簡単には上げさせない。

買いが集まり急騰すれば、売りを浴びせて大陰線を形成し、ストップ安もある。

ストップ安、ストップ高。

激しく上下するのが仕手株の典型的な値動きだ。

うまく波乗りすれば利益が積み上がるが、株価の急激な変動は恐怖との戦いだ。

心して取り組まないとならない。

[5535 ミガロホールディングス　日足]

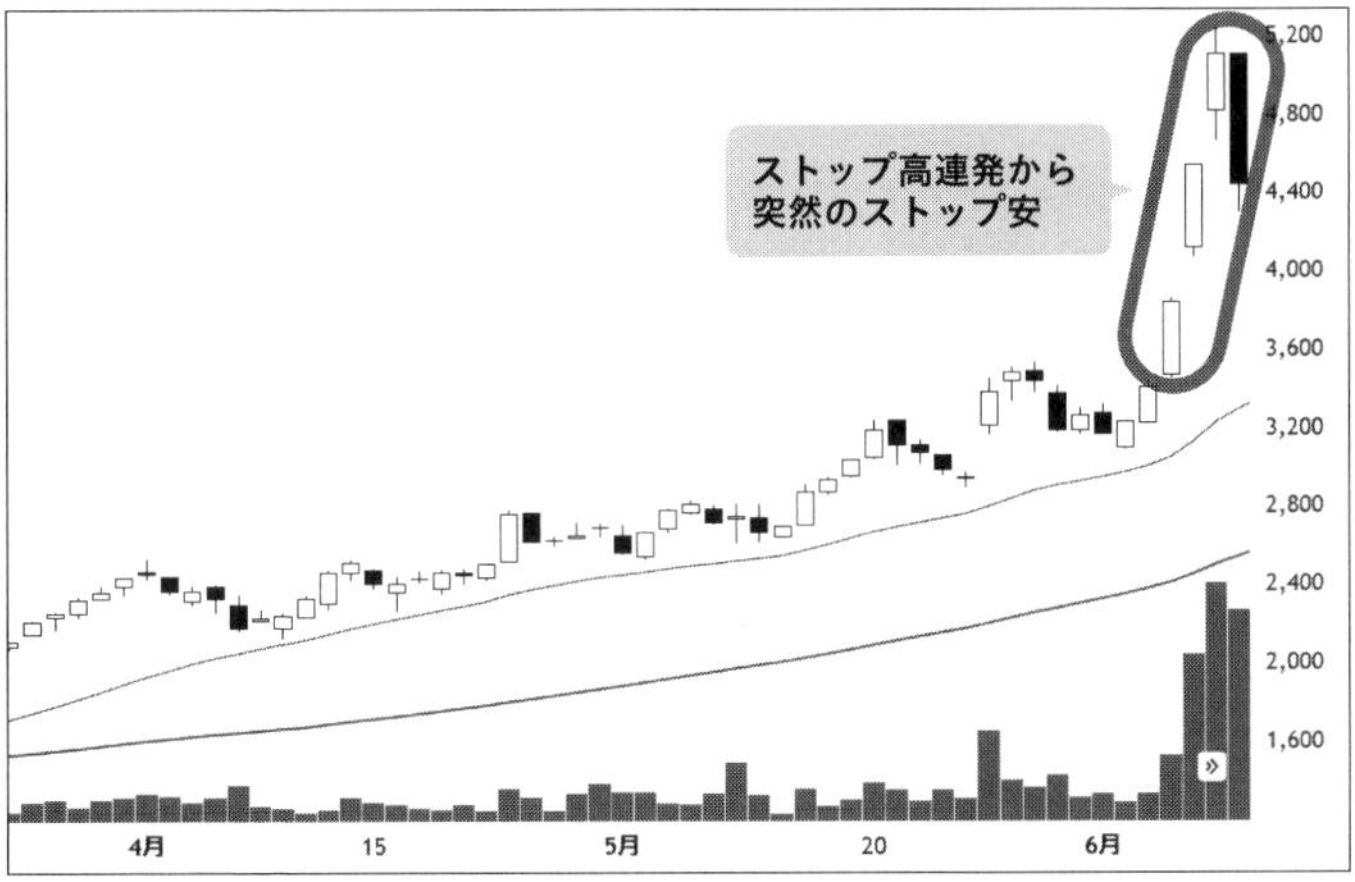

70 「企業の吸収」で人気化する動き

株価は様々な材料で動く。

この銘柄は半導体材料の加工や販売を行うメーカーで、主要株主である国内最大規模の化学メーカーが、ＴＯＢによって完全子会社化することを発表したことで、人気化したただ、人気化した材料は一つ。上げた後にさらなるプラスの思惑があるわけではないので、相場は長続きしない。

材料株ではあるが、事前に知っていた向きもあるので、**「早耳」有利な株価**の動きだ。ただ、上げの期間は2日しかなく、今後同じような動きがあったとしても、材料の食い散らかしが短期間に終わることを知っておきたい。

企業の吸収は好材料には違いないが、それが現実のものになるのには、時間が必要だ。

そのために、**この手の株価の動きは、「短期勝負」が必須**だ。

1日2日の勝負と心得て臨むのがよいだろう。

この手の銘柄を「成長株」などと誤解してはならない。

思惑優先の動きなので、その先を買う人はいない。

仕手株は、次から次へと、手を替え品を替えて違う銘柄が出てくる。

食い散らかしである。

それを承知で対応すべきであり、一つの銘柄にこだわれば、失敗も多くなる。

用心しなければならない。

[8155 三益半導体工業　日足]

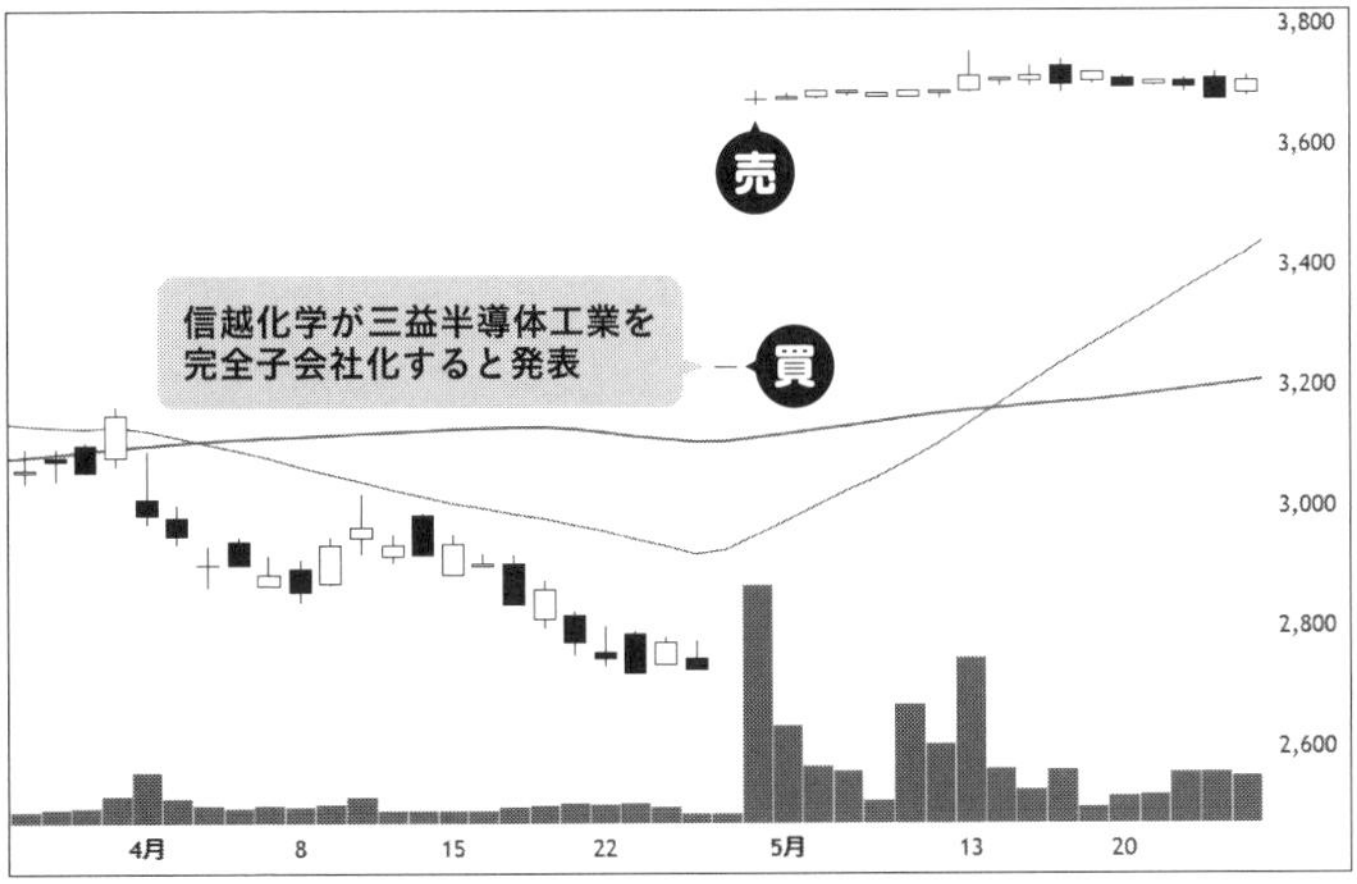

71

「シリコンサイクル」にかける思惑

株式はもちろん、相場である。

その銘柄、つまり企業の仕事も同じく「相場の世界」にある。

半導体関連なども、需要と供給で価格が決まる相場の世界だ。

せっかく生産しても、価格が弱ければ利益にはつながらない。

そこで、市場は半導体の相場の動きに注目し、先行き相場が強くなると判断すれば、その関連の銘柄に投資する。

これが半導体関連で言われる「**シリコンサイクル**」である。

半導体市場を先取りする思惑で、昔から仕手系株と言われている。

株に資金を投じる前に、その企業の業績が決まる背景を知らなければならない。

先行き明るいニュースが期待できるのであれば、投資したお金は増えるし、時には何倍にもなる。この考え方、目の付けどころが大切である。

やみくもに何でも買えばいいというものではない。

企業環境により、下げる銘柄があるかと思えば、上げる銘柄もある。

大切なのは「勝ち組」に投資することだ。その眼がなければ、期待した成果は上げられない。

株価変動の背景には、必ず投資に値する経済的な動き、企業活動のプラス面の動きがある。

それを見極めることが大切である。

[3436 SUMCO　日足]

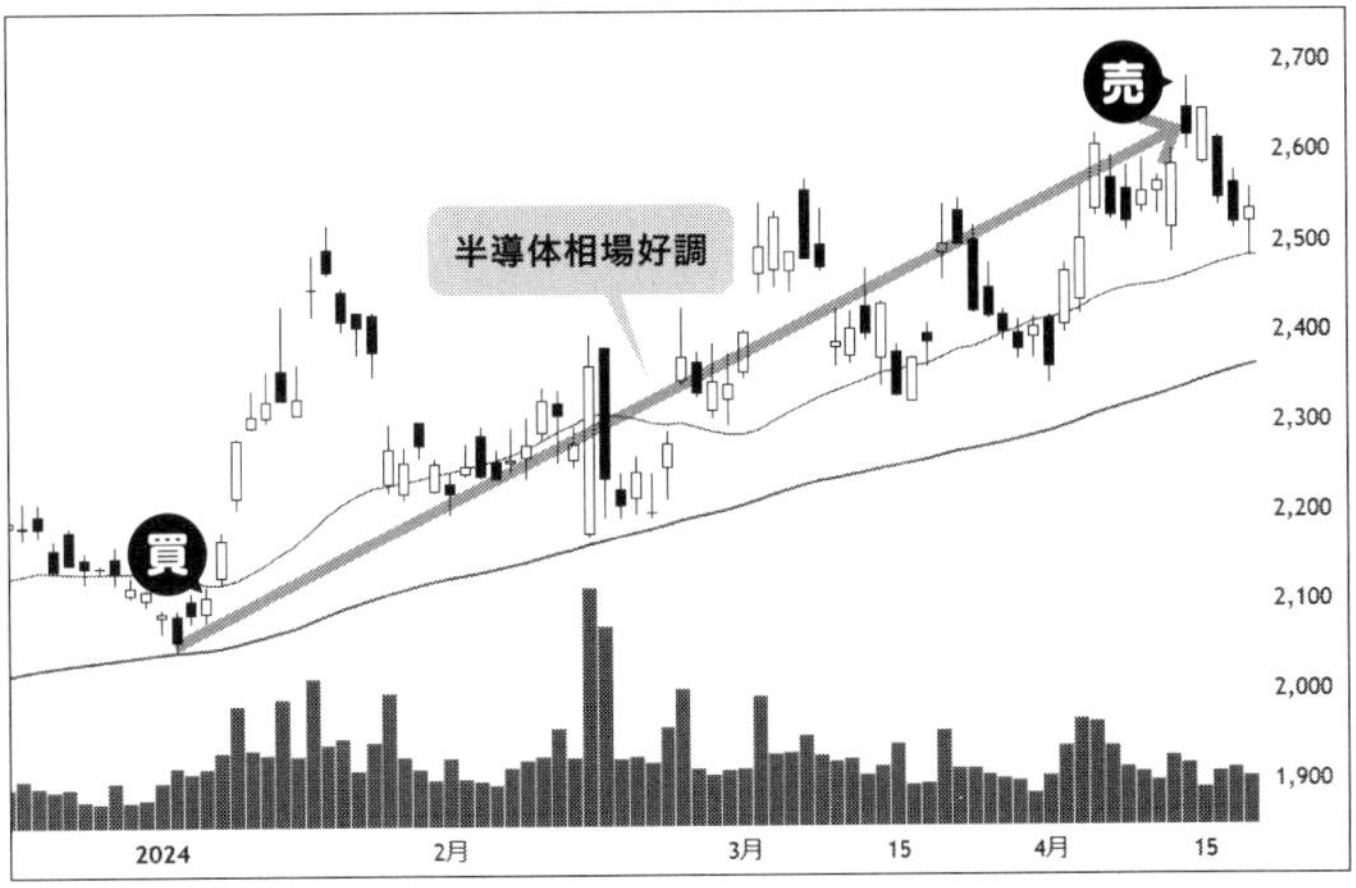

72

「空売りが入りやすい」ので株価が飛ぶ

人気の化粧品銘柄。**PER（株価収益率）の数値は高い**ので、株価が上がると、ちょいちょい空売りが入る。それが燃料となって、株価が飛ぶ。

まさに、売りと買いがぶつかる仕手的な動きの株価変動である。

この動きの華やかさに個人もファンドも集まる。

もちろん、株価は上げばかりではない。

ファンドの決算などの都合で利益確定の動きが激しくなると、空売りの動きも激しくなり、値動きが荒くなる。時には、急落に見舞われる。

しかし、実はこの**急落こそ、チャンス**である。

ここで買えないと、次なる急騰の果実はいただけない。

株式投資は、人の反対を行かなければ成果を上げにくい。

特に、この銘柄は、急落もあれば急騰もある。

その癖を知っておいて、急落を買い、持ち合い抜けを買うというスタンスでいると、株式投資で成果を上げやすい。

空売りも巻き込んで激しく動く株価。

これも投資の醍醐味だ。

うまく波乗りをして、賢く利益を積み重ねたい。

急落した場面で「ここだ」とばかりに打って出る投資家が成功するのだ。

このコツを覚えておきたい。

株式投資は、時には流れに逆らうことも必要である。

［4911 資生堂　日足］

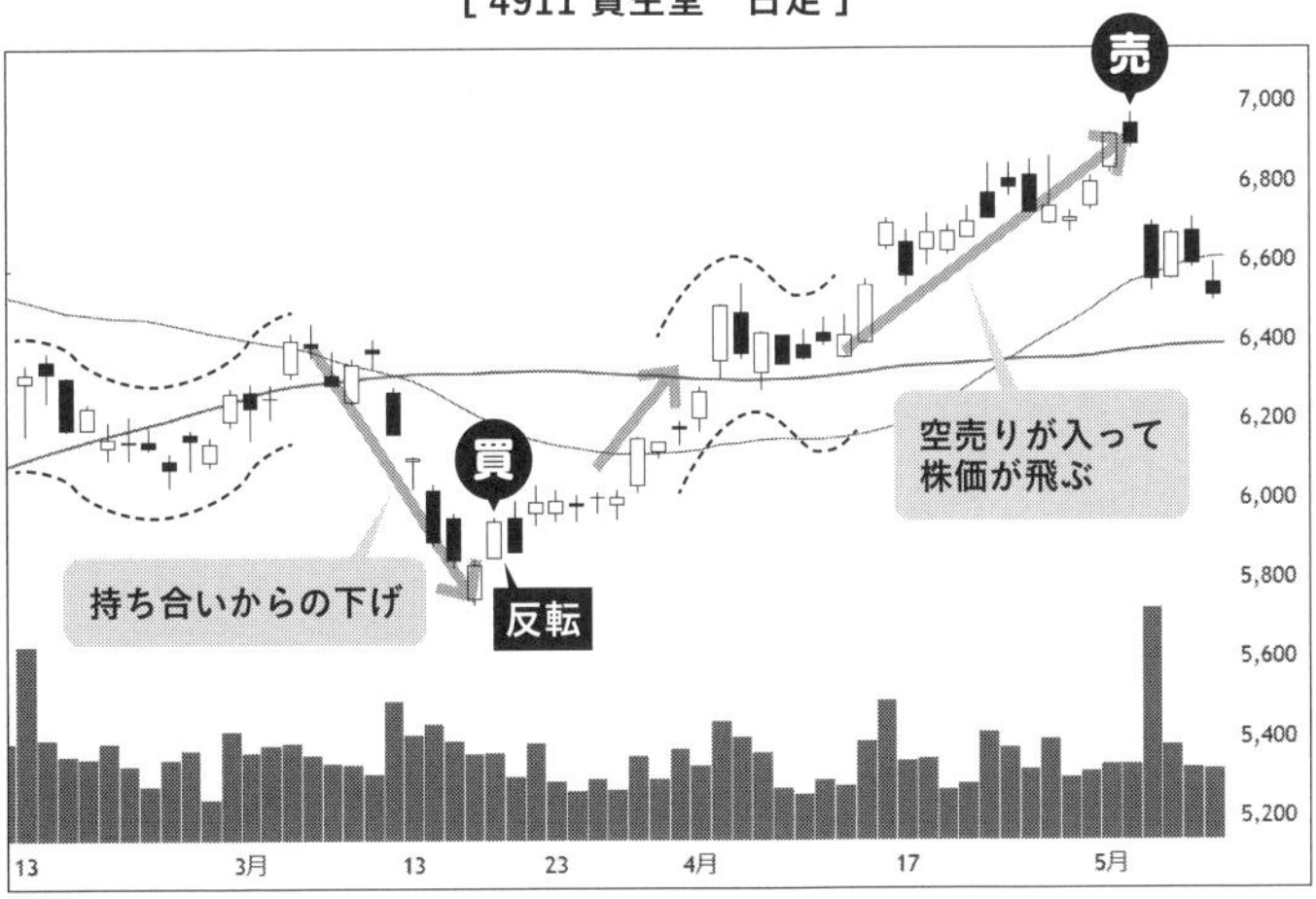

73

「急騰急落の波」に乗ろう

バイオ関連の銘柄は夢を買うという一面があるので、強弱が対立しやすい。

強い材料としては、薬が広く使われることへの業績のメリット。

かたや、治験不成功への不安や薬価に対する不安のイメージがある。

株価は、好材料、悪材料が対立することで、売買のバランスが激しくぶつかる。

急騰急落が繰り返され、思惑が膨らむ。

ここにあげた銘柄の動きを見てもわかるが、持ち合い放れの後には、**急騰急落が繰り返され**、強弱感の対立がそのまま、ローソク足の動きに現れている。

値動きが激しい場面では、出来高が増えるので、株価の振幅は激しくなる。

その値動き、出来高に魅力を感じる投資家のお金が集中して、嫌でも盛り上がりが出てくるのである。

仕手株の特徴は「値動きが激しいこと」にある。

板でも、その目まぐるしい値動きで目がチカチカする。

売りと買いのぶつかり合いが人気のすごさを求めて、お金が集まる。

大切なのは、**押しで買い、上げで売るというリズムを逃さない**ことだ。

当然ながら、仕手株はリスクマックスであり、それを知って売買を仕掛けなければならない。

反対をやれば、資金がどんどん減っていくことは間違いない。

成功するリズムに乗りたいところである。

［4588 オンコリスバイオファーマ　日足］

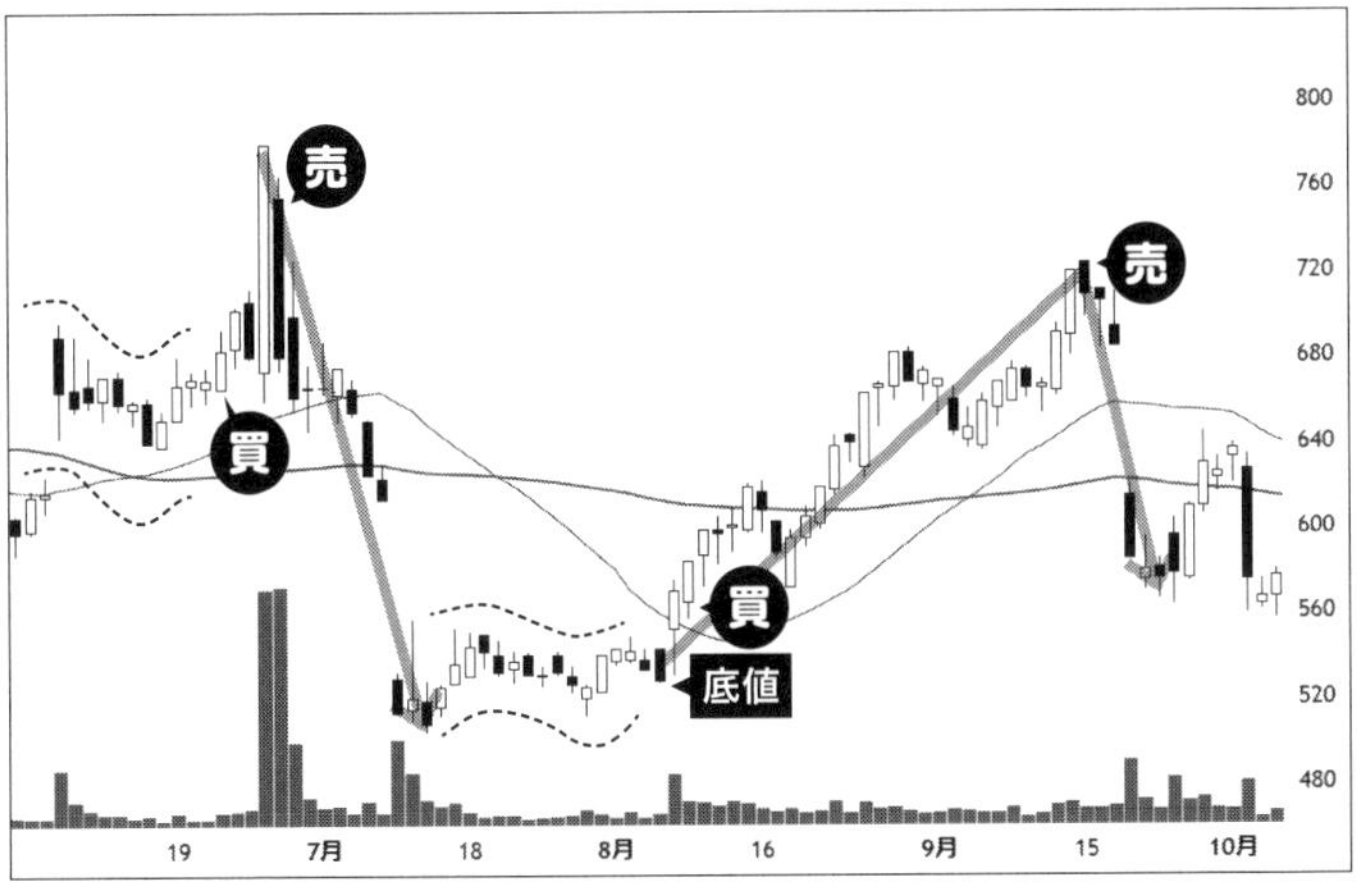

74 「業界トップ」銘柄の戦い方

ここにあげたのは日本のゲーム業界のハード・ソフト双方でトップを走る名門企業だ。それだけに株価水準も高く、100株で80万円するので、初心者には手が出しにくい。長期のトレンドは、上げ下げを繰り返すも、最近は上げトレンドだ。

なにしろ、市場の人気度が高い輸出関連など、アメリカの動きに左右される銘柄を本気で手掛ける局面ではないので、それとは関係ないゲーム株に利がある。

株式投資では、テーマを逃さない、外さない。これが大切である。

日足を見ると、底値を付けて、急激に上げている。ゲームの大本命にも順番が回ってきた感がある。超値がさの株での変化率もある。この銘柄だけに絞って賢くトレードする手法でも、安定した企業だけに、投資対象としてはよいだろう。

肝心なのは、**上げの勢いに中途で飛びつかない**ということだ。

投資家心理としては「上がると買いたくなる」。

しかし、上げに飛びつけば、その上に行くことはない。

こういった銘柄では上げトレンドから下に放れてしまった際も、業績面での不安は少ない。一時的な調整はむしろ、チャンスととらえた方が賢明だ。

何度も言うが、投資で大切なのは、高値を追わず、押し目、調整を仕込むことである。

しかも安いから買う、これだけではうまくいかない。下げたが、すかさず買いが入ることが仕込む前提になる。

それだけは守っていきたい。

［ 7974 任天堂　日足 ］

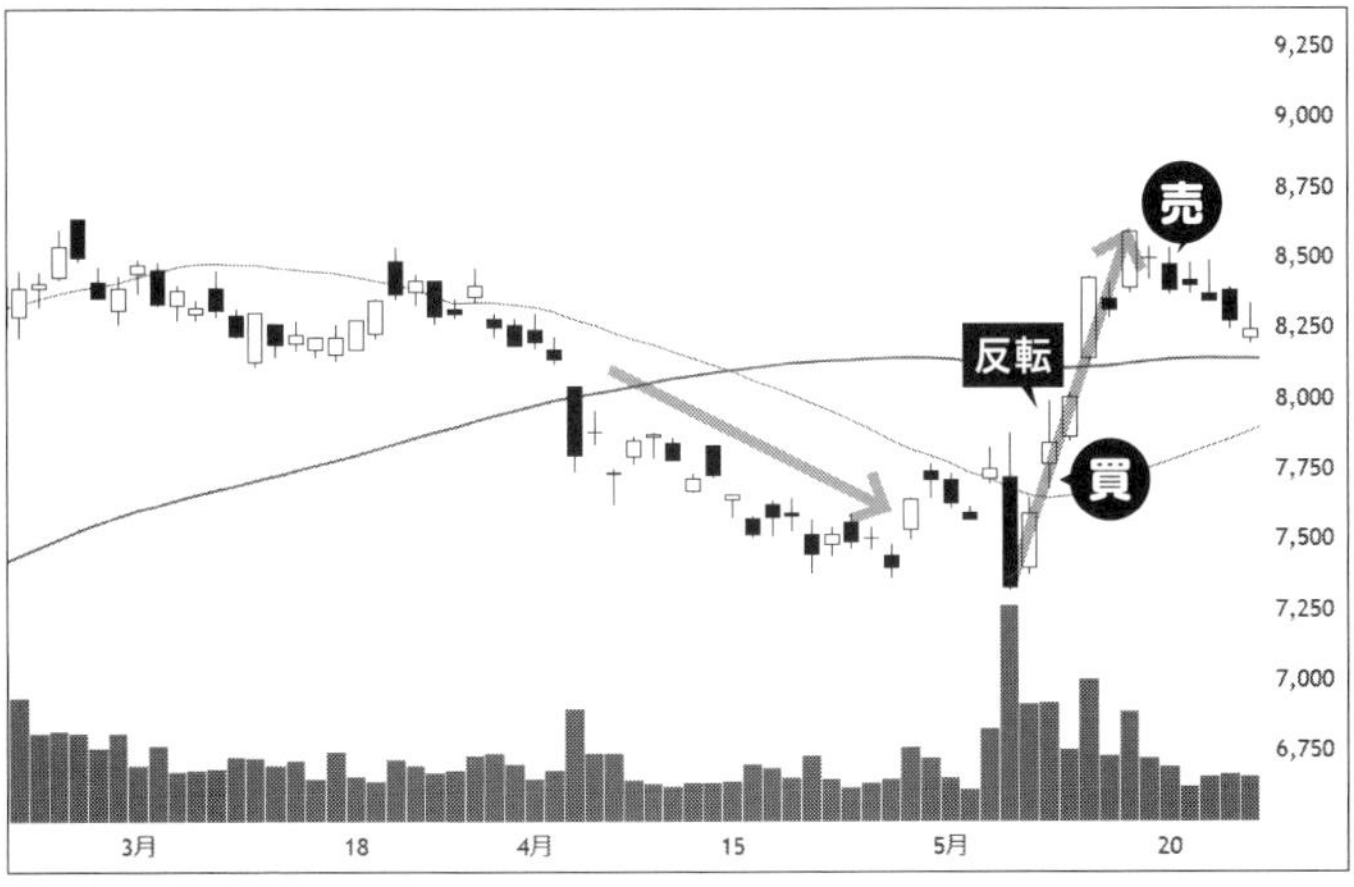

75 長期では下げも、「ここにきて反発」を狙う

株価で大切なのは、「波動」である。

今、方向が上げなのか、それとも下げなのか、ということである。

この銘柄は、日足での株価の動きを見ると、上げ下げがありながらも、方向は右肩上がりである。

ここで注目したいのは、ローソク足でもわかるように、**急激に上げて大陽線が出た後は、陰線が出やすい**ことだ。

こうした、銘柄ごとの癖をつかむのが、株で勝つコツだ。

この癖から言うならば、大きな上げの後は、たいがい押し目を構成する。

そこで、上げに飛びついてしまうと、その後は手元の評価がマイナスになりやすいの

で、慌てて買い向かわないことである。

我慢して、押し目を買う。

それで含み益をものにできるのだ。

どのような銘柄でも、高値に飛びついて良いことは少ない。

あるとすれば、押し目を作らない動きの銘柄くらいだ。

この銘柄は、それほどの勢いはなく、**上げの後は時間を費やして、売りをこなしてから上げる**傾向があるので、その傾向に逆らわないことだ。

「買いたい」という気持ちはわかるが、そこを我慢して、ローソク足の形をしっかり見て、タイミングを誤らないことである。

[8601 大和証券グループ本社　日足]

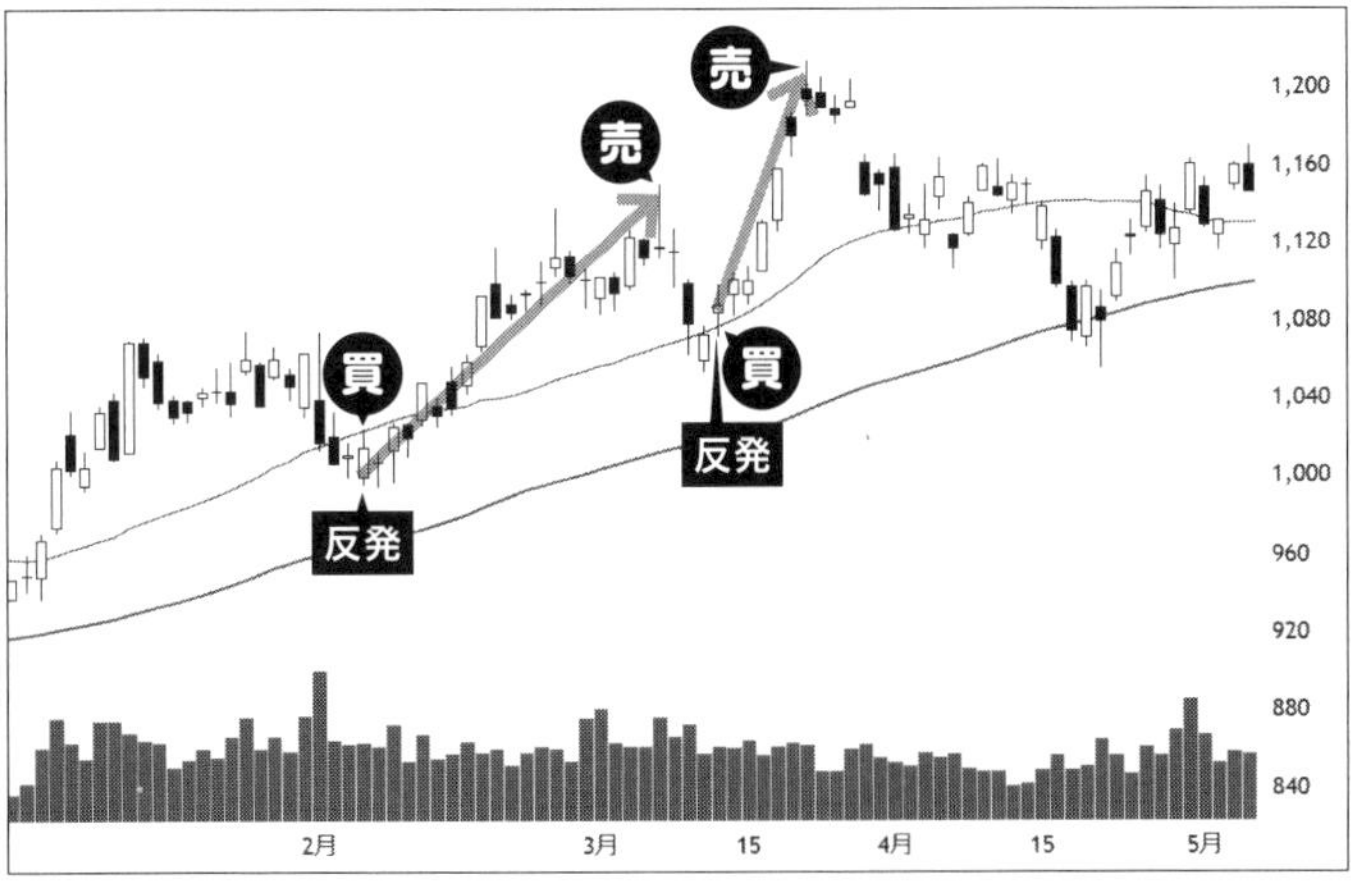

76 「ストップ高銘柄」の関連株の戦い方

ゲームアプリの世界は、一社単独で開発するのではなく、その制作過程で協業していることが多い。

そのために、協業する会社の株価が急上昇すれば、関連銘柄として、遅れても連動しやすい。そこを狙って利益を出す手法もある。

この銘柄は、以前人気化して結構な上げを演じたので、株価水準も高くなっている。

そのために、右肩上がりの株価だが、目標株価（証券会社などのアナリストが独自に予想する株価水準のこと）を証券会社が引き下げにかかっている。

しかし、**証券会社の「目標引き下げ」は、あまり信用できない。**

自らが仕込みたい時に、株価を低迷させる作戦をとってくる可能性が多いからだ。

株式市場はまさに、魑魅魍魎《ちみもうりょう》の世界と言える。

何を信じるか。

それは相場だけである。

上げるか下げるか。

出来高は増えているか、減っているか。

これだけである。

目の前にある株価の動き以外には信じるものはないのだ。

よく、心すべきである。

株式投資は人気化の様相がある限り、一時的な調整を買う。

すなわち、人の行く裏を行く必要がある。

そこにこそ、勝つ要素がある。この手の銘柄は、持ち合い抜けを狙いたい。

[9684 スクウェア・エニックス・ホールディングス　日足]

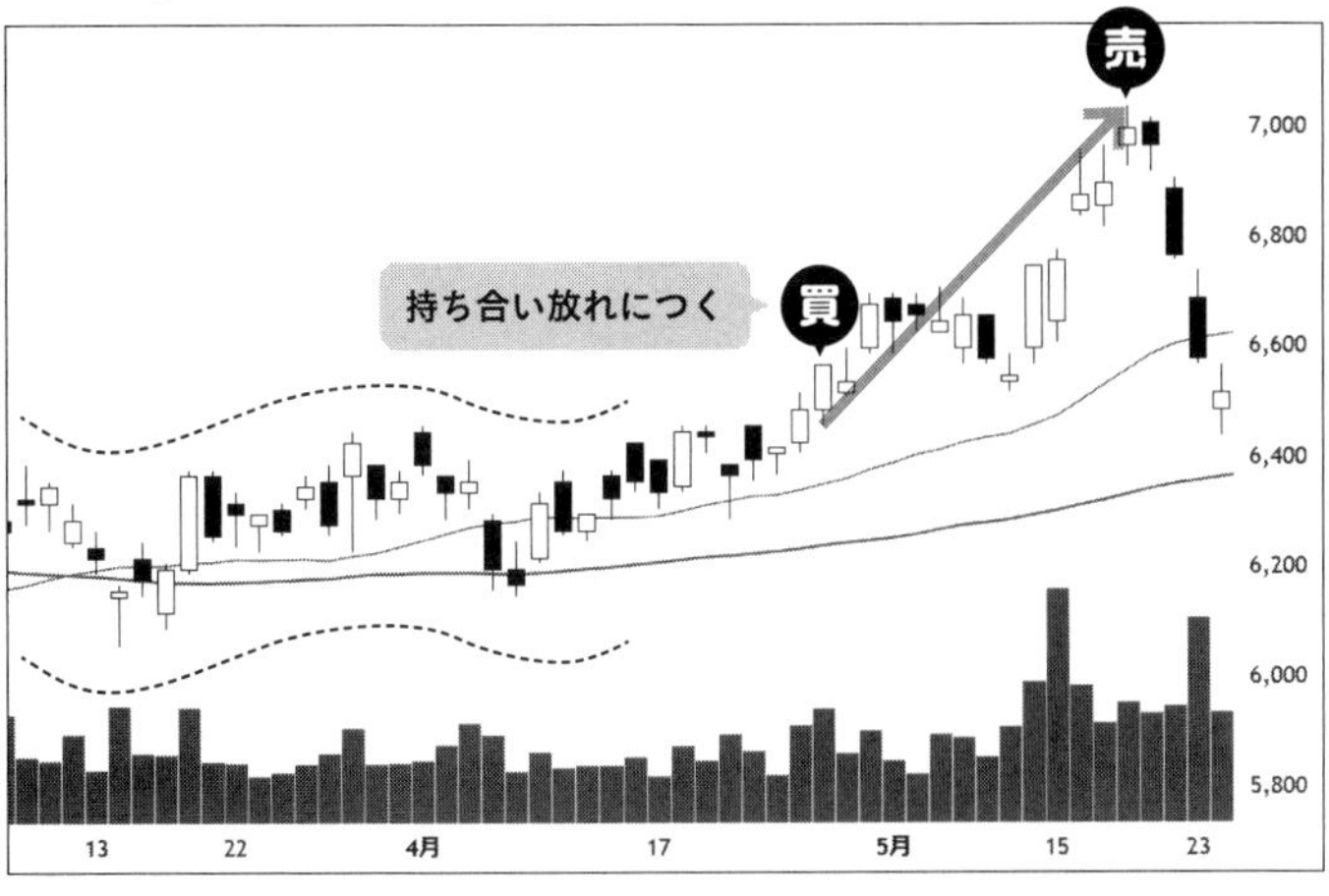

77 ＩＰＯ関連の銘柄の戦い方

ＩＰＯは「Initial Public Offering」の略称で、日本語では「新規公開株」などと言う。つまり新しく上場した銘柄のことだ。

ＩＰＯ間もない銘柄は、安く始まり、利益が評価された時点で高値を追うのが賢い戦い方だ。

ここであげるのは、２０２３年10月25日に上場した銘柄だ。しばらく持ち合いを続けたが、２カ月ほど経つと高値に挑戦する動きを見せた。

こうした銘柄では、**上ヒゲが実線（実体）になってくるタイミングをとらえたい。**

長期でも、業績を反映した株価になると思われるので、目先の利益確定に流されないで、しっかりと上値をいただく投資スタイルがよいだろう。

人気の銘柄、これから評価されると考えられる銘柄は、安易に利益確定しないで、十分な値幅をとっていきたい。

ＩＰＯ銘柄は、新規上場だけに、発行株も少ないので、値動きは荒くなる。

この値動きに魅力を感じて「ＩＰＯ専門」の投資をする人は多い。

上場するというのは、それにふさわしい業績があるからであり、そこに、魅力がある。

だが、発行時に評価され過ぎて、いったん落ちてしまう銘柄も多いので、ＩＰＯなら何でもいいというわけにはいかない。

株価のトレンドや癖をしっかりつかみ、上げトレンドに乗りたいところである。

［ 6525 KOKUSAI ELECTRIC　日足 ］

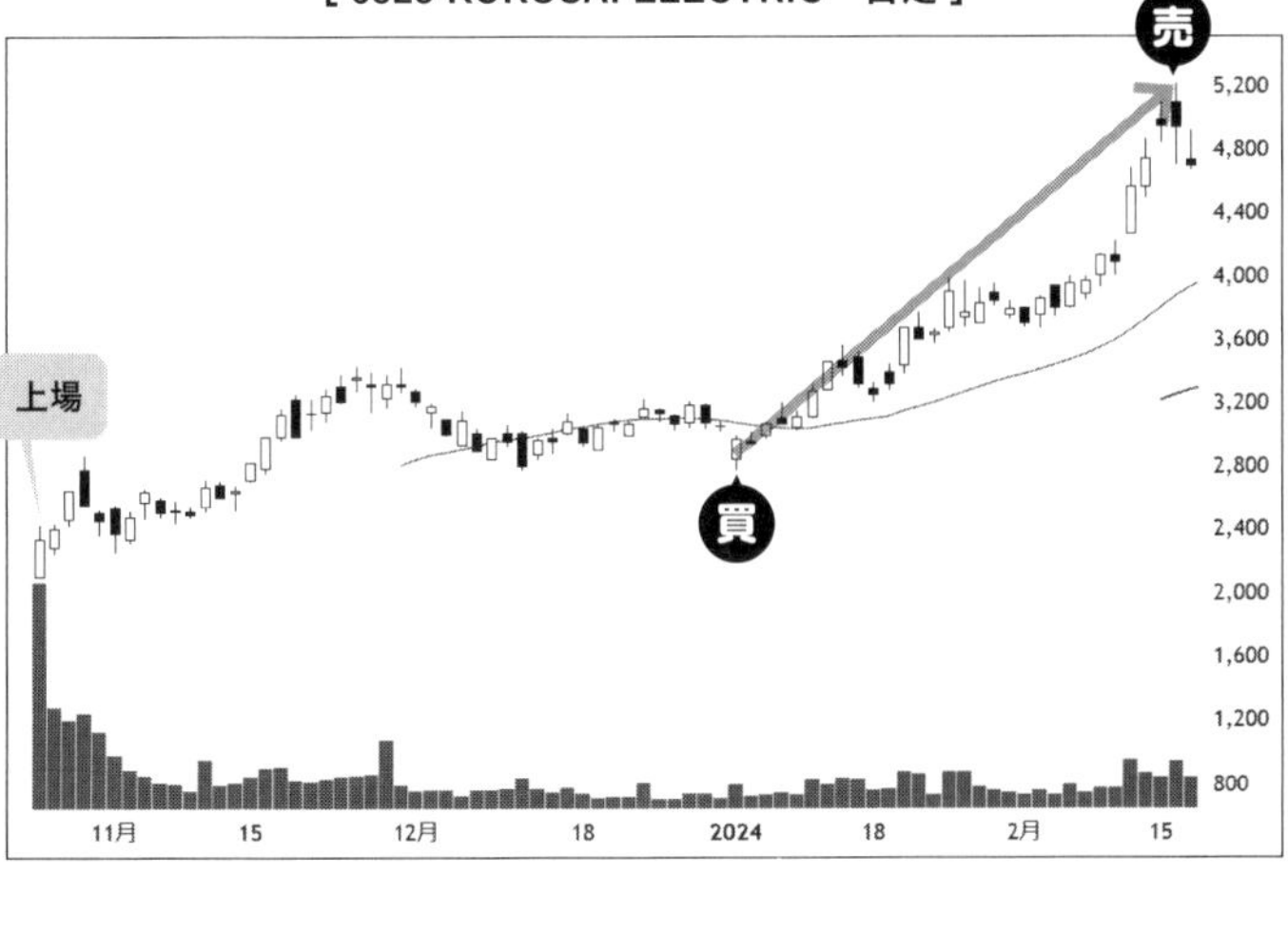

著者
石井勝利（いしい・かつとし）

1939年生まれ。早稲田大学政治経済学部卒。宇都宮工業高校から、高卒で文化放送に就職。働きながら夜学独力で大学を出た苦労人。政党機関紙の記者を23年勤めた後、住宅、金融等の著作、評論活動で独立。以降、住宅、金融、株式投資、自己啓発など著作は400冊に迫り、投資歴45年の経験に裏打ちされた実績をもとにした『株の鬼100則』『株価チャートの鬼100則』『株「デイトレ」の鬼100則』（明日香出版社）等、著書多数。「株の鬼100則」シリーズ7点で14万部超。2019年から開始したX（旧Twitter）も個人投資家から人気を博している。

X（旧Twitter）：@kabu100rule

ポケット版 株価チャートの鬼77則

2024年7月23日 初版発行

著者　石井勝利
発行者　石野栄一
発行　明日香出版社
〒112-0005 東京都文京区水道2-11-5
電話 03-5395-7650
https://www.asuka-g.co.jp
カバーデザイン　大場君人
本文デザイン・組版　竹崎真弓（株式会社ループスプロダクション）
編集協力　金丸信丈・大廻真衣（株式会社ループスプロダクション）
校正　有限会社共同制作社
チャート提供　TradingView
印刷・製本　シナノ印刷株式会社

ISBN 978-4-7569-2344-8